입사 3년차의
프레젠테이션

ZUKAI HANASAZU KIMERU! PUREZEN by Nobuko Amano
ⓒ2008 by Nobuko Amano
All rights reserved.

Original Japanese edition published by Diamond,Inc.
Korean translation rights ⓒ2009 by Yemun Publishing Co.,Ltd.
Korean translation rights arranged with Diamond,Inc., Tokyo
through EntersKorea Co.,Ltd. Seoul, Korea

이 책의 한국어판 저작권은 (주)엔터스코리아를 통한 일본의 Diamond,Inc.와의 독점계약으로 (주)도서출판 예문이 소유합니다. 신 저작권법에 의하여 한국 내에서 보호를 받는 저작물이므로 무단전재와 무단복제를 금합니다.

입사 3년차의 프레젠테이션

초판 1쇄 인쇄일 2011년 10월 4일
초판 1쇄 발행일 2011년 10월 7일

지은이 **아마노 노부코**_ 옮긴이 **정은지, 허연**
펴낸곳 **(주)도서출판 예문**_ 펴낸이 **이주현**
기획 **정도준**_ 편집 **김유진 · 윤서진**_ 디자인 **배윤희**
마케팅 **채영진**_ 관리 **윤영조 · 문혜경**
등록번호 제307-2009-48호_ 등록일 1995년 3월 2일_ 전화 02.765.2306_ 팩스 02.765.9306
주소 서울시 성북구 성북동 115-24 보문빌딩 2층 http://www.yemun.co.kr
ISBN 978-89-5659-181-0 (13320)

＊이 책은《유혹하는 프레젠테이션》의 개정판입니다.

입사 3년차의 프레젠테이션

당신의 프레젠테이션, 이것만 고쳐라!

PRESENTATION

아마노 노부코 지음 | 정은지 · 허연 옮김

머리말
지금까지의 프레젠테이션은 잊어라!

15초 안에 뽑고 싶게 만드는 나만의 노하우

나의 직업을 한마디로 표현하자면 이른바 '프레젠테이션 컨설턴트'다. 프레젠테이션 자료 및 기획서 작성, 프레젠테이션에 관한 컨설팅을 주로 하면서 내가 제안하거나 제안받은 안건만도 무려 1,000여 건이 넘는다.

그런데 많은 제안서를 접하면서 정말 놀랐던 부분은 많은 사람들이 프레젠테이션의 우선순위를 잘못 알고 있다는 것이었다. 청중을 사로잡는 유창한 화술, 파워포인트 슬라이드를 현란하게 구사하는 기술도 중요하지만, 기획서나 제안서의 기본 토대가 엉성하면 기대한 성과를 얻기 어렵다.

기획안 공모전에서는 서류 심사에 통과해야만 비로소 청중을 앞에 두고 대면 프레젠테이션을 할 수 있는 기회가 주어진다. 자사 상품을 거래처 및 납품업체에 홍보할 때에는 업체 담당자가 우선적으로 프레젠테이션 자료를 검토해보게 된다. 공고 입찰에서는 서류 심사를 통과하지 않는 한 대면 프레젠테이션을 할 기회조차 얻지 못한다. 그러므로 제출한 '자료'가 상대방의 마음에 얼마나 파고 드느냐에 따라 프레젠테이션의 성패가 좌우된다고 할 수 있다.

자료가 탄탄하면 대면 프레젠테이션에서 다소 실수를 하더라도 큰 감점 요인이 되지 않는다. 프레젠테이션의 성공 여부는 대면 프레젠테이션 이전에 판가름 나기 때문이다. 내 경험에 비춰보면 담당자나 그 뒤의 핵심 인물들은 대부분 서류 심사를 마친 시점에 이미 마음의 결정을 내린 상태였다. 프레젠테이션 당일날 얼마나 발표를 잘 하느냐와 상관없이 이미 회사 내에서 어느 정도 의견이 통일되어 있을 때도 적지 않았다.

공공기관에서 발주하는 프로젝트의 입찰담당 책임자로 근무할 때 있었던 일이다. 당시 내가 몸담고 있던 회사는 한 번도 입찰에 참가해본 적이 없었기 때문에 경영진에서도 별 기대를 하지 않는 분위기였다. 그런데 서류 심사 결과 쟁쟁한 10여 개 회사를 제치고 우리 회사가 기적적으로 1순위에 올랐다. 예상 질문에 대해 만반의 준비를 하고 나서 며칠 후 심사위원들 앞에서 대면 프레젠테이션을 마치자 대세는 99% 우리 회사로 기울었고, 나는 그리 어렵지 않게 2,000만 엔짜리 프로젝트를 따냈다.

또 다른 예를 들어보자. 직원 1명을 모집하는데 응시자가 200명이나 몰린 대형 게임업체에 지원해 자그마치 200대1이라는 경쟁률을 뚫고 내가 채용된 적이 있다. 나중에 알고 보니 호소력 있는 지원서가 눈길을 끌어 이미 면접 전에 채용이 결정되었다고 한다.

이렇듯 프레젠테이션 현장에서 '말'은 우리가 생각하는 것만큼 그렇게 크게 중요하지 않다. 대면 프레젠테이션으로 이어지기 전에 서류 심사에서 이미 '자료'를 통해 결과가 결정된다고 해도 과언이 아닌 셈이다.

지금 바로 써먹을 수 있는 프레젠테이션 전략 50!

'입사 3년차의 프레젠테이션'의 포인트는 읽지 않아도 한 눈에 들어오는 자료 작성에 있다. 그렇다고 해서 무슨 거창한 비법이 숨어 있는 것은 아니다.

당연한 내용이 당연히 담겨 있을 뿐이지만 그 밑바탕에는 꼼꼼한 아이디어와 친절한 배려가 숨어 있기 때문에 읽는 이의 마음을 움직이고 행동에 변화를 주게 되는 것이다.

제목 한 줄만으로도 흥미를 솟게 하는 자료가 있는가 하면, 몇 장을 넘겨도 영 아니다 싶은 것도 있다. 전체적인 색감만으로도 눈이 가게 하는 자료가 있는 반면, 너무 현란해서 오히려 찬밥 신세가 되는 것도 있다.

앞으로 이어질 본문에서는 편집, 도해, 디자인 등 다양한 각도에서 프레젠테이션 자료를 조명해보고 조언하고자 한다. 지나치게 꼼꼼하다고 느껴지는 부분도 있을 수 있겠지만 프레젠테이션 자료를 받아보는 최종 결정권자의 예리한 시선을 생각한다면 반드시 짚고 넘어가야 하는 부분들이다. 서류 심사는 '어떻게 해서든 채택해야 하는' 작업이 아니라 '어떻게 해서든 떨어뜨려야 하는' 작업이라는 것을 명심해두자.

몇십 명, 몇백 명에 이르는 경쟁자를 따돌리고 마지막까지 살아남는 프레젠테이션 자료는 까다롭기 그지없는 수많은 체크포인트를 모두 통과한 것들이다. 알아두어야 할 항목이 너무 많고 또 어려울 것이라고 지레 겁먹을 필요는 없다. 각 항마다 도표를 이용해서 흔히 범하는 실수를 'bad' 사례로 소개한 뒤, 잘못된 부분을 개선한 자료인 'good' 샘플을 제시했다. 이 책에서 소개하고 있는 79가지의 'bad → good'을 따라 하기만 해도 이제 여러분이 만드는 프레젠테이션 자료의 호소력은 확연히 달라지게 될 것이다.

시중에 나와 있는 프레젠테이션 자료 작성법에 관한 책들이 대부분 마이크로소프트사의 파워포인트만 다루고 있는데 반해, 이 책에서는 초보자도 쉽게 활용해볼 수 있도록 워드 프로그램, 엑셀 프로그램으로 간편하게 작업할 수 있는 방법을 다루었다.(아래한글 프로그램으로도 충분하다- 역주)

파워포인트가 훌륭한 소프트웨어인 것은 틀림없지만 종이로 인쇄되는 자료의 필수 조건은 아니다. 아래한글이나 MS워드에 글을 입력하고 엑셀로 도표를 작성해 붙여넣기만 해도 얼마든지 멋진 프레젠테이션 자료를 완성할 수 있다. 또한 지면상의 문제로 'bad → good'에서는 가로 방향의 프레젠테이션 시트만 제시했으나 실제 작업을 할 때는 세로 방향으로 만들어도 상관없다.

본문의 내용을 잘 숙지하여 'good' 샘플을 따라 하기만 해도, 여러분은 반드시 상사, 고객, 입찰책임자 등 의사결정권자들을 '유혹하는데 성공하는' 프레젠테이션 자료를 만들 수 있게 될 것이다. 글솜씨가 뛰어나지 않아도, 말솜씨가 화려하지 않아도, 원하는 일을 성사시킬 수 있다는 뿌듯함을 꼭 느껴보길 바란다.

아마노 노부코

CONTENTS

머리말_ 지금까지의 프레젠테이션은 잊어라!

PART 01 비주얼로 사로잡는 프레젠테이션

1. 프레젠테이션의 원칙_ 처음 15초 안에 휘어잡아라! —16
  우리의 두뇌는 15초 안에 결정한다 —16
  이런 자료에 당장 OK한다! —18

2. 프레젠테이션의 목적_ 이 프레젠테이션을 '왜' 하는가 —20
  내가 원하는 결과는 무엇인가 —20
  화술 연습보다 먼저 챙겨야 할 것들 —22

3. Remember!_ 프로들은 이런 것도 챙긴다 —24
  마감일에 따라 자료의 완성도가 달라진다 —24
  상대방이 기대하는 것이 무엇인가 —26

PART 02 순식간에 OK를 이끌어내라

1. 표제_ 멋지게 '한줄 요약'을 해라 —32
  제목만으로 읽는 이의 마음을 사로잡아라 —32
  명사로 끝내면 효과 만점 —34

2. 구성_ 단순하게 만들수록 두드러진다 —36
  인사말·기획 의도·배경은 필수 조건이 아니다 —36
  목차는 그룹으로 묶어 일목요연하게 —38

3. 본문_ 문장 실력이 없어도 잘 만들 수 있다! —40
  한 단락은 아무리 길어도 다섯 구절 —40
  접속사는 과감하게 생략! —40

4. 3가지 테마로 묶기_ 4가지 이상은 기억하기 어렵다 —44
  3가지로 압축하라 —44
  3가지 테마로 분류하라 —46

5. 핵심 단어 찾기_ 한 단어를 찾아라 —48
  무엇을 전달할 것인가 —48
  3가지 테마를 한 단어로 요약하라 —48

6. 수치화_ 숫자의 마술로 호소력 UP! —52
  말보다 강한 '숫자'의 힘 —52
  당신 주위의 숫자를 찾아내라 —52

7. 예산_ 금액이 빠지면 결정을 내리기 어렵다 —56
　그래서, 결국 얼마라고? —56
　부가가치세 포함/미포함은 반드시 표기하라 —58

8. 일정_ 납기까지의 일정을 한눈에 보여주어라 —60
　어떻게 일정을 맞출까 —60
　추후 계획까지 망라한 스케줄을 제시하라 —62

9. 프로필_ 세일즈 포인트를 어필하여 신용도를 높여라 —64
　마음 놓고 맡겨도 될 상대인가 —64
　최고 정예부대를 전면에 내세워라 —66

PART 03 펼쳐보고 싶게 만들어라

1. 용지 크기_ A4 사이즈로 통일하라 —72
　방향이 다른 자료는 어떻게 묶을까 —72

2. 분량_ 자료는 가능한 한 압축해라 —74
　자료가 많아야 한다는 강박관념에서 벗어나라 —74
　최고의 기획서는 한 장짜리 기획서 —76

3. 표지_ 표지만 보고도 알 수 있게 하라 —78
　속을 보지 않아도 판단이 서는 표지 —78

4. 목차와 중간 표지_ 목차 삽입만으로 내용이 정리된다 —80
　목차를 넣어 포인트를 정리하라 —80
　중간 표지를 활용하라 —80

5. 페이지 번호_ 페이지마다 번호를 다는 것은 기본이다 —84
　상대방을 배려하는 작은 행동 —84
　본인에게도 유용한 페이지 번호 —84

6. 머리글과 바닥글_ 머리글을 활용하여 호소력을 높여라 —88
　머리글도 디자인의 일부다! —88
　회사 로고를 넣으면 효과 만점 —90

7. copyright 표기_ 자사의 권리보호와 브랜드화를 동시에 —92
　copyright은 왜 영어로 표기하는가 —92
　copyright은 모든 페이지에 표기한다 —94

8. 포맷_ 평소에 사용하는 틀로 개성을 연출하라 —96
　이미지를 각인시키는 오리지널 포맷 —96
　경쟁자를 따돌리는 오리지널 포맷 —98

PART 04 프레젠테이션 멘토에게서 배우는 '편집' 노하우

1. 글꼴_ 글씨가 깨지거나 글꼴이 섞이지 않도록 —104
한글과 영어, 숫자의 글꼴을 통일한다 —104
HY 신명조와 맑은 고딕이 가장 무난 —106

2. 글자 크기_ 3가지 크기로 자료를 더 깔끔하게 —108
사이즈는 대·중·소 3가지로 충분 —108
표제와 본문에 강약을 준다 —108

3. 숫자_ 아주 간단한 '숫자의 규칙' —112
숫자에는 수학의 룰이 있다 —112
숫자인가 숫자모양의 글인가 —114

4. 영어_ 영어 표기에 숨겨진 '함정'들 —116
영어를 사용하면 있어 보인다? —116
영어의 함정 —118

5. 마침표_ 마침표를 넣을 곳과 넣지 말아야 할 곳의 구분법 —120
쉼표, 마침표, 넣어? 말아? —120

6. 오자에 주의_ 신중하게 선택해야 할 민감한 단어들 —122
제삼자의 눈으로 체크한다 —122
차별 용어나 금지 용어는 치명적 —124

7. 줄바꾸기와 공백_ 여백의 미를 살려라 —126
문서에도 반드시 적절한 '공백'이 필요하다 —126
줄 나누기와 여백을 자유자재로 활용한다 —126

8. 문단_ 번호체계는 신중하게 생각하라 —130
동등하게 다룰 것인가 우열을 가릴 것인가 —130
면적이 넓은 글머리 기호를 사용한다 —130

9. 밑줄과 기울임체_ 강조하고 싶은 곳은 글꼴이나 색을 바꾼다 —134
밑줄을 그은 신문기사는 없다 —134
강조하고 싶으면 글꼴이나 글꼴 색을 바꾼다 —136

PART 05 프레젠테이션 멘토에게서 배우는 '도해' 노하우

1. 도해_ 문자 정보도 그래픽으로 만들면 내용이 한 눈에! —142
최종 목표는 문자를 도해로 만들기 —142

2. 표 그리기_ 가로세로 분류표를 만든다 —144
정보를 셀 안에 어떻게 배분할 것인가 —144
선 없는 표를 작성하여 경쟁자를 따돌리자 —146

3. 그래프 작성_ 손쉽게 세련된 그래프 만드는 방법 —148
　나만의 오리지널 그래프를 만들어보자 —148
　오리지널 그래프로 차이를 부각시킨다 —150

4. 그래프 사용_ 어떨 때 어떤 그래프를 사용할까 —152
　'비율/전체' 라면 원형그래프 —152
　세로막대 그래프 vs. 꺾은선 그래프 —154

5. 일러스트_ 도형을 조합하여 좀 더 심도 깊게 —156
　유창한 말솜씨보다 힘이 센 일러스트 —156
　클립아트를 활용하여 완성도를 높인다 —158

6. 사진_ 현실감을 표현하는 사진 촬영법 —160
　백문이 불여일견 —160
　사진관처럼 스크린을 제작해서 촬영 —160

7. 화면 캡처_ 화면을 보여주면 이해가 빠르다 —164
　화면 캡처 삽입 방법 —164
　화면 캡처를 효과적으로 보여주는 방법 —164

8. 기사 활용_ 언론의 도움을 받는다 —168
　도움이 될 만한 기사는 반드시 기재한다 —168
　웹 사이트로 유도하여 동영상을 보여준다 —168

PART 06 프레젠테이션 멘토에게서 배우는 '디자인' 노하우

1. 배색_ 상대방에게 어필하는 그래픽은 3색 디자인 —176
　흰색, 검정색 외에 3색 이내로 —176
　지속적으로 같은 색을 사용하면 '나만의 CI' —178

2. 선_ 선의 굵기와 종류에 변화 주기 —180
　기호나 아이콘으로 변신할 수 있는 선 —180
　버스 정류장이나 아령도 선으로 그릴 수 있다 —182

3. 배경과 여백_ 무늬로 가득 찬 배경은 절대 금물! —184
　배경을 잘못 선택하면 내용도 엉망이 된다 —184
　여백의 황금률 —186

4. 테두리_ 테두리가 있고 없음에 따라 확 달라진다! —188
　프로들은 검은 테두리를 잘 활용한다 —188
　테두리 없는 텍스트 상자 활용법 —188

5. 그림자와 그라데이션_ 입체감을 살린다 —192
　그림자를 넣기만 해도 입체감이 살아난다 —192
　세련됨을 배가시키는 그라데이션 —192

6. 시선의 흐름_ 레이아웃의 원칙은 'Z형' —196
　붙이느냐 마느냐, 그것이 문제로다 —196
　중요한 내용은 왼쪽 위, 낮은 것은 오른쪽 아래 —198

7. 배치_ Bad → Good의 순서가 바뀐다면? —200
　과거는 왼쪽, 현재는 오른쪽인 이유 —200
　연관성을 고려해서 배치한다 —200

8. 정렬_ 줄이 잘 맞으면 질서정연한 느낌을 준다 —204
　다양한 요소를 질서 있게 정렬하는 방법 —204
　간편하게 '도형 조정' —204

PART 07
프레젠테이션 멘토에게서 배우는 '마무리' 노하우

1. 인쇄_ 프레젠테이션 자료는 복사하지 마라 —212
　인쇄와 복사는 아주 다르다 —212
　종이로 승부한다 —214

2. 고정 방법_ 어떻게 고정하는지도 중요한 포인트 —216
　왼쪽 위 한군데, 45도 기울여 고정하는 것이 상식 —216
　외관을 추구한다면 수동 고정 —218

3. 제본_ 투명 커버 한 장이 10억? —220
　5,000만 원짜리 기획이 10억으로 —220
　전문 인쇄소에서 한 권만 제본할 수도 있다 —222

4. 제출자명_ 이름은 가장 눈에 띄는 곳에 적어라! —224
　가장 눈에 띄는 곳에 이름을 쓴다 —224
　정확한 연락처 명기는 상대방을 위한 배려 —226

5. 제출할 때 유의점_ 참가 조건에 어긋나는 부분은 없는가 —228
　몇 번이나 되풀이해서 읽어야 하는 참가 조건 —228
　직접 전달하는 것이 가장 확실하다 —230

프레젠테이션 차별화 전략
1. 눈길을 확~끄는 자료는 여기가 포인트! —28
2. 주변에 좋은 샘플이 없으면 책이나 인터넷을 참고하라 —68
3. 상대방의 기호를 공략하라 —100
4. 상대방에게 열의와 성의를 전달하라 —138
5. 남과 다른 방법으로 승부하라 —172
6. 속도로 승부하라 —208
7. PDF로 저장하라. 사이즈를 줄여도 글이 깨지지 않는다 —232

【일러두기】

- 본문 내용에서의 일본식 지명, 인명, 회사명, 화폐 단위 등은 한국 독자들이 쉽게 이해할수 있도록 가급적 한국식으로 바꾸었습니다.
- MS워드 프로그램을 이용하여 프레젠테이션 자료를 작성하는 부분에서는 아래한글 프로그램의 유사기능을 정리하여 함께 실었습니다.

PART 01

입사 3년차의 프레젠테이션
P R E S E N T A T I O N

비주얼로 사로잡는 프레젠테이션

처음 15초 안에 휘어잡아라!

우리의 두뇌는 15초 안에 결정한다

우리가 상대방을 판단할 때 '언어'를 통해 얻는 정보는 단 7% 정도에 불과하다. 한편, 목소리 등 '청각'을 통해 얻는 정보가 38%, 외모·표정·몸짓·태도 등과 같이 '시각'을 통해 얻는 정보가 55%를 차지한다고 한다. 이는 1970년대 초 미국의 심리학자 앨버트 멜라비언이 발표한 '멜라비언의 법칙'이라는 심리학 이론으로, 그 비율을 따서 '7-38-55 법칙'이라고 부르기도 한다. 이처럼 사람의 인상은 '시각적인 정보'가 좌우한다고 해도 과언이 아니다.

이는 비단 사람에게만 국한되는 것은 아니다. 프레젠테이션 자료도 마찬가지다. 받아든 순간 눈에 들어오는 '외양'이 가장 중요하다. 데이터나 내용을 자세히 들여다보지 않아도 페이지만 대충 넘겨보면 잘 만들어진 자료인지 아닌지 직감으로 알 수 있다.

얼마 전에 입찰 결정권자들을 상대로 인터뷰할 기회가 있어서 각 회사가 제출한 자료에 대해 어떤 느낌을 받았는지 물어보니 내가 괜찮은 자료라고 직감한 것들은 그들도 구체적인 내용을 확인하기 전부터 호감을 느꼈다고 했다. 모든 자료가 구두 설명을 앞둔 시점이었으니 그들이 호감을 느낀 이유는 '외관'임이 틀림없다.

CM송을 떠올려보자. TV CF를 일부러 골라서 보지는 않지만 마음에 드는 CM송은 자기도 모르게 흥얼대고 출연한 광고모델이나 상품, 대사까지 기억하기도 한다. 이는 15초 전후라는 짧은 시간에 좋고 싫은 감정을 분명히 느낀다는 증거다.

• 보여지는 것이 이렇게나 중요하다!

OK물류의 '서프라이즈! 택배 서비스'란……

OK물류는 매일 수도권과 S신도시를 연결하는 20대의 정기 노선을 운행하고 있습니다. 저희 회사는 이번에 짐칸에 여유가 있는 트럭 정기 노선의 **빈 공간**을 이용해 택배 서비스를 개시했습니다.

하행선은 소형차로 수도권에 위치한 귀하의 자택을 방문해 짐을 인수한 뒤 물류센터로 이동합니다. 그리고 그것을 S신도시로 출발하는 대형차로 옮겨 물류센터에 보냅니다. 물류센터에서는 목적지까지 소형차로 운반합니다. **(상행선도 같습니다)**

★비용 산정★

수도권 근교에서 S신도시까지 약 1,000원입니다.
같은 서비스가 A통운은 3,500원, B택배센터는 2,500원입니다.
저희 OK물류는 3분의 1 이하의 서비스 가격을 실현했습니다.

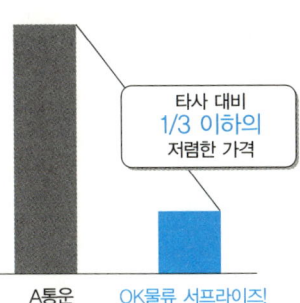

S신도시로의 택배 발송, 더 간편하고 저렴하게!

OK물류의 '서프라이즈! 택배 서비스'
트럭 정기 노선의 빈 공간을 이용한 놀라운 가격!

요금 비교

A통운	3,500원
B택배센터	2,500원
OK물류 서프라이즈! 택배 서비스	1,000원

타사 대비
1/3 이하의
저렴한 가격

A통운
3,500원

OK물류 서프라이즈!
택배 서비스
1,000원

프레젠테이션 현장도 광고 촬영장 못지않게 살벌한 곳이다. CF가 방영되는 속도만큼이나 빠르게 프레젠테이션 안건도 속속 결정된다. 산더미 같이 쌓인 자료를 검토해야 할 때 15초라는 시간은 좋고 나쁨, 호감 비호감을 판단하기에 충분한 시간이다.

이런 자료에 당장 OK한다!

중요한 안건을 좌지우지하는 핵심 인물들은 늘 시간에 쫓기며 바쁘다. 그러다보니 방대한 자료를 일일이 읽을 틈이 없다. 당연히 한눈에 내용이 쏙 들어오는 자료가 고맙게 느껴지지 않을 수 없다.

그러므로 자료는 최대한 '단순'하게 구성해 요점만 전달해야 한다. 어마어마한 분량의 자료나 데이터를 모았더라도 그 가운데 핵심이 되는 한 문장만 뽑아내는 과감함이 필요하다. 'O는 ~이다'라고 짧게 단언하는 스타일. '비용이 이만큼 절감됩니다', '손질이 간편하다는 것이 장점입니다'라는 식의 간결하고 단호한 문장은 전달도 쉽고 귀에 쏙쏙 들어온다.

글자 없이 '비주얼' 즉, 눈으로 보여주는 방법도 있다. 말이 통하지 않는 나라에 가더라도 공항에서 화장실은 금방 찾지 않는가! 교통 표지판 역시 세계 공용 사인이다. 사인이나 표식은 외국인이나 어린아이도 금방 알 수 있어야 한다. 선, 동그라미, 네모 등 지극히 단순한 모양으로 만들어졌음에도 그림만 보면 즐거운지 무서운지, 밝은지 어두운지, 어려울지 쉬울지를 금방 알 수 있다.

비주얼 외에 '컬러'로도 많은 말을 할 수 있다. 일반적으로 빨강은 위험, 노랑은 주의 신호다. 구급차가 병원 등 의료관련 기관은 흰 바탕에 빨강색 십자 모양을 쓴다. 비즈니스 상담 장소가 이라크인데 미국을 연상시키는 성조기 컬러(빨강색, 파랑색, 흰색)로 자료를 도배한다면 현지 사람들이 거부 반응을 일으킬 것이 분명하다.

단지 컬러만으로도 많은 메시지가 전달된다는 사실을 명심하라!

● 한 눈에 쏙 들어오는 훌륭한 프레젠테이션 자료

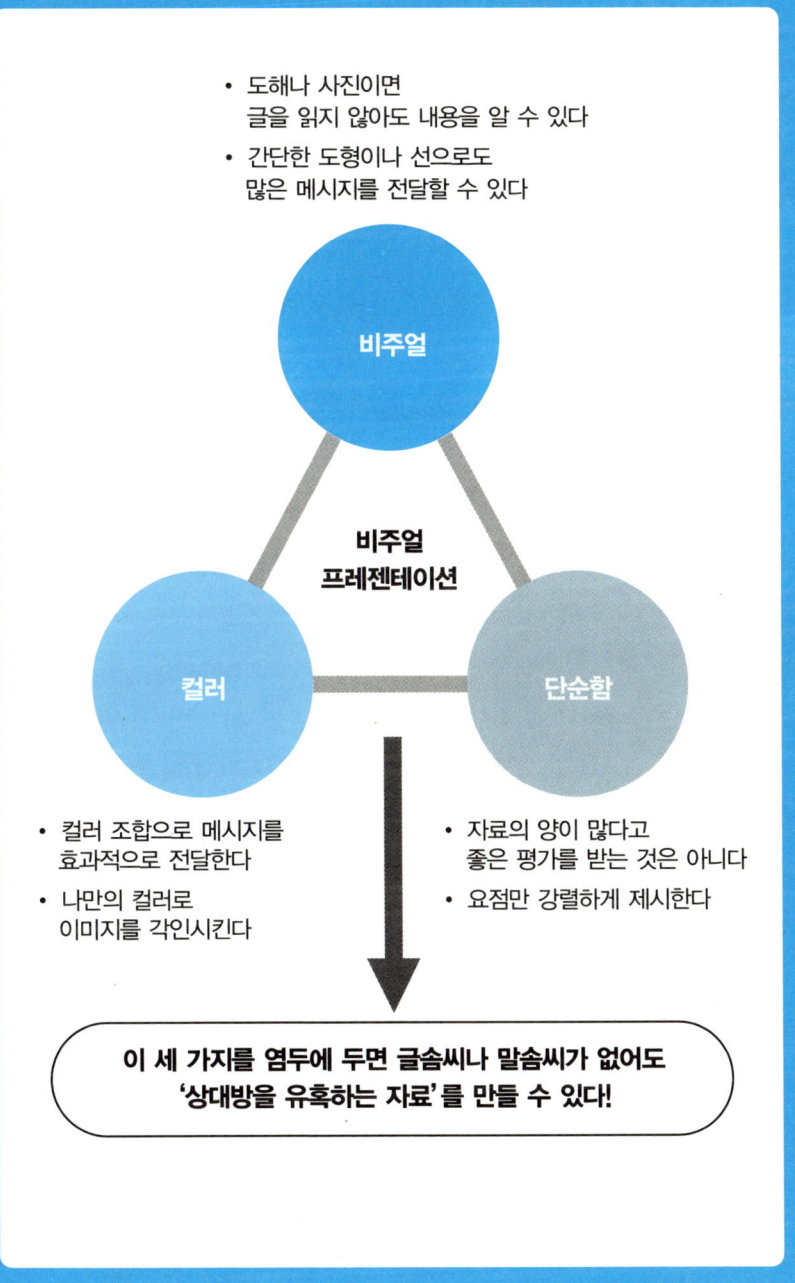

 *2 프레젠테이션의 목적

이 프레젠테이션을 '왜' 하는가

▍내가 원하는 결과는 무엇인가

프레젠테이션이란 무엇인가? 파워포인트를 이용해 폼 나게 만든 자료를 보여주는 일인가? 설명할 내용을 달달 외워 유창하게 스피치하는 일인가? 물론 그런 면도 없지 않아 있겠지만 본질을 잊고 있지는 않은지 반드시 생각해볼 일이다.

나는 프레젠테이션이란 '내가(우리 회사가) 가진 것을 상대방(타사)에게 설명하고 행동의 변화와 의사결정을 촉구하는 작업'이라고 정의내리고 있다. 신제품을 소개하는 자리라면 최종 납품이 목표다. 디자인공모전에 출품할 거면 어떻게 해서든지 채택하게 만들어야 하지 않겠는가? 명확한 목표가 없는 프레젠테이션은 진정한 프레젠테이션이 아니다.

"말씀 잘 들었습니다. 감사합니다."로 끝난다면 무슨 의미가 있는가! "최종 후보까지 남으셨는데 아쉽게도 다수결 투표에서 밀려서 다른 회사로 결정되었습니다." 마지막에 선택받은 유일한 회사가 아니라면 4위든 5위든 다를 바 없다. "귀사로 결정되었습니다. 내일 계약하고 싶으니 인감을 지참해 주십시오."라는 말이 최종 목표다.

프레젠테이션 의뢰가 들어오면 나는 반드시 "이번 프레젠테이션에서 어떤 결과를 원하는가?"를 묻는다. 그러면 대부분 "○명 앞에서 ★분 동안, △에 대해 발표한다."는 답변이 돌아오기 일쑤다. '발표'에만 신경을 쓴 나머지 프레젠테이션의 목적을 상실한 것이다. 프레젠테이션에서는 무엇보다도 '설명을 들은 사람이 어떤 생각을 하며 그 자리를 떠나는가'가 중요하다.

주택 관련 세미나를 예로 들면 참석자가 막연히 '슬슬 집을 알아볼까' 하는

- **프레젠테이션 자체가 목적이 아니다**

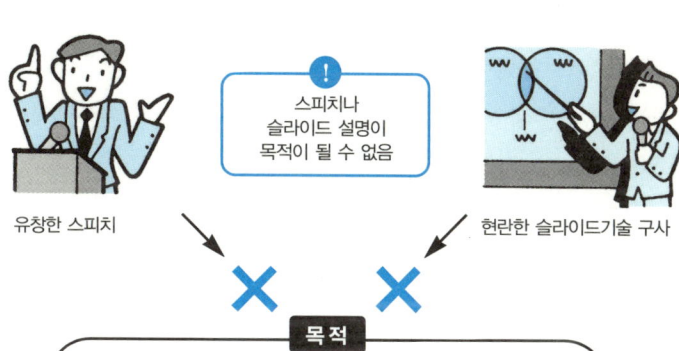

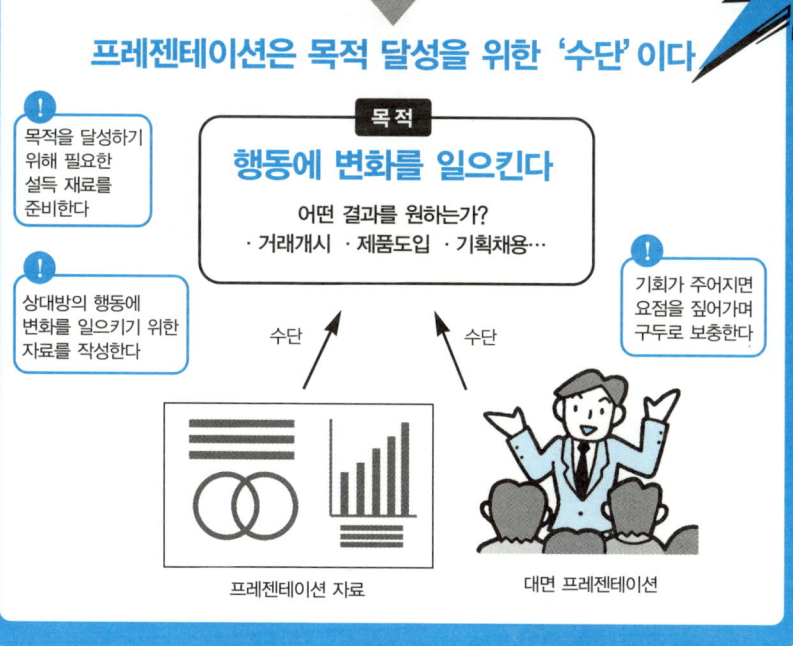

1장_ 비주얼로 사로잡는 프레젠테이션

정도만 마음을 먹게 하면 되는지, 아니면 '△△역 앞에 있는 ○사의 모델하우스에 가볼까' 하는 적극적인 동기부여까지 염두에 두어야 할지를 미리 정해두어야 한다. 이런 목적도 없이 프레젠테이션을 한다면 그저 '많은 사람 앞에서 발표했다'는 행위 자체로만 끝날 뿐 성과로 이어지지 않는다. 대상이 누구든 간에 상대방의 행동에 어떤 변화를 주고 싶은지에 대한 뚜렷한 목표가 있어야 비로소 제대로 된 프레젠테이션이라 할 수 있다.

화술 연습보다 먼저 챙겨야 할 것들

종종 프레젠테이션과 커뮤니케이션을 혼동하는데, 프레젠테이션과 커뮤니케이션은 엄연히 다르다. 앞에서 설명한대로 프레젠테이션은 '상대방의 행동의 변화와 의사결정을 촉구'하는 작업이기 때문이다. 상대방을 움직이겠다는 목표가 없으면 단순한 '발표'가 되고 만다.

그러므로 자료를 작성하기 전에 먼저 '이 프레젠테이션의 목적은 무엇인가?'라는 질문을 스스로에게 던져보기 바란다. 무엇이 어떻게 되면 성공인지를 미리 생각해보는 것이다. 예를 들어 '우리 회사가 개발한 새로운 시스템을 모든 거래처들이 도입하도록 설득한다'는 것이 목표라면 그 다음에는 상대방이 내가 의도하는 대로 의사결정을 내리기까지 필요한 과정을 생각해본다. 상대방이 안고 있는 문제를 먼저 해결해주기, 나의 세일즈 포인트를 분명하고 정확하게 알리기, 경제적 효과에 초점을 맞추어 강조하기 등의 방향을 잡는 것이다.

대기업 입찰이든 신제품 소개든 직접 찾아가서 하고 싶은 말을 맘껏 할 수 있으려면 우선 '서면 응모'와 '자료 제출'에서 통과해야 한다.

화술 연마나 미소 연습, 복장 걱정은 뒷전으로 미루어두자. 첫 관문을 통과하기 위해 상대방의 마음을 움직이는 자료를 만드는 것이 최우선이다. 처음 제출하는 자료가 탄탄하면 나중에 프레젠테이션은 누워서 떡먹기다.

● 이 프레젠테이션의 최종목적지는 어디인가?

> ❗ 반드시 도달점이 어디인지 자문자답해보라

(예)	무엇 이	어떻게 된다
	내 아이디어	채택된다
	나	회사에 채용된다
	보도자료	기사화된다
	자사 시스템	도입된다
	신규거래	시작된다
	자기소개서	통과한다
	상대방	내가 소개한 상품을 구입한다
	세미나 참가자	앙케트에 답변한다
	반대운동단체	프로젝트에 동의한다
	학회발표	1위가 된다
	예산	승인된다

도달할 목표를 정했다면
프레젠테이션 준비 시작!

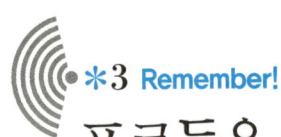
프로들은 이런 것도 챙긴다

마감일에 따라 자료의 완성도가 달라진다

자료를 작성하기 전에 확인해야 할 사항은 크게 세 가지다. 앞에서 설명한 '목적', 제출해야 하는 '시간', 그리고 채택을 결정하는 '상대방의 특성'이다.

반나절 만에 만들어야 하는 자료인지 하루 만에 만들어야 하는 자료인지, 일주일이 소요되는 자료인지, 한 달이 걸려도 괜찮은 자료인지에 따라 작성방법이 달라지기 때문에 마감일 확인은 기본이다. '긴급', '최대한 빨리'라는 요구를 받았다 해도 '반나절 만에 어떻게든 달라는 말인지, 내일까지는 반드시 제출해달라는 말인지, 이번 주 안에 제출하면 되는 건지' 정확한 날짜를 반드시 확인하자.

만약 마감시간까지 몇 시간밖에 남지 않았다면 과거에 만들어놓은 자료에 고유명사나 날짜, 페이지 순서만 바꾸는 수준으로 손보는 방법밖에 없다. 아니면 하고자 하는 업무, 제안 내용만 간결하게 적은 한 장짜리 리포트나 '이것을 이렇게 하고자 한다'는 골자만 적은 몇 줄짜리 기획서도 가능하다.

하루가 주어졌다면 기존 자료에 내용을 추가하거나 도해를 다시 손볼 수 있다. 1주일 이상의 여유가 있다면 관계자가 모여 아이디어를 구상하거나 신규로 조사·집계도 가능하므로 아예 처음부터 새로 작성할 수 있다. 그림이나 샘플이 필요하면 외부에 의뢰할 시간도 된다.

마감이 임박해 오는데도 아직 사전 조사도 제대로 마치지 못했거나 도해나 사진은 어떻게 되겠는데 부연 문장이 정리가 안 돼서 도무지 설득력이 떨어진다거나 근거 데이터가 받쳐주지 못해 엉성하고 성의 없는 자료가 돼버리는 일

- 마감일은 보고 또 보고!

Bad

기한을 확인하지 않고 착수했을 때 야기되는 문제

예를 들면……
- 조사를 시작하자 바로 마감일이 되었다
- 도표 작성부터 시작했더니 설명문을 쓸 시간이 부족하다
- 근거 데이터를 준비할 시간이 부족하다

'긴급', '최대한 빨리' 등은
사람마다 받아들이는 정도가 다르므로 반드시 확인!

Good

기한을 명확히 알면 '할 수 있는 일'이 보인다

마감까지 주어진 시간

- 2~3시간 → 과거 자료의 수정(고유명사, 날짜 등)

- 1일 → 데이터, 도해 등 수정, 신규 작성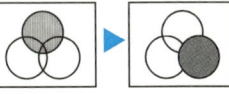

- 1주일 → 신규로 조사, 인터뷰, 집계 등

마감까지 남은 시간에 따라
자료를 효과적으로 만들 수 있다

이 현실에서는 수없이 발생한다. 작업의 우선순위를 명확히 한다는 의미에서도 마감일은 반드시 확인, 엄수하도록 한다.

상대방이 기대하는 것이 무엇인가

'상대방의 특성' 파악 또한 빼먹어서는 안 되는 중요한 항목이다. 누구를 상대로 프레젠테이션을 하는지, 한 명인지 여러 명인지, 성별과 연령대, 지식수준, 직위 등은 어떻게 되는지 확인해야 한다. 같은 내용을 전달하더라도 비즈니스맨을 대상으로 할 경우에 사용하는 용어와 대학생을 대상으로 할 경우에 사용하는 용어는 달라야 한다. 또한 같은 비즈니스맨이라도 업종이나 직종이 다르면 사용할 용어를 고르는 데 있어 신중해야 하는 것은 당연하다.

더 나아가 '상대방이 기대하는 것이 무엇인지'를 파악하는 것도 중요하다. 이것을 모르면 겉도는 자료가 될 수밖에 없다. 시스템을 최대한 저렴하게 도입하고 싶어하는 사람에게 우수한 성능만 강조하면 고개를 좌우로 흔들 것이 분명하다. 만약 상대방이 좋아하는 컬러 등 개인적인 기호를 알아낼 수 있다면 그것을 유용하게 활용하자.

그러나 '담당자'와 '결정권자'가 다를 때는 주의해야 한다. 대기업에서는 실무 담당자에게 결정권까지 있는 경우는 매우 드물다. 어느 정도까지는 중간 관리자가 결재하고, 그 이상은 대표이사나 임원회의 안건으로 올리게 된다. 제안자로서 그러한 사정까지 간파하고 '숨은 결정권자'의 속성이나 기호를 파악해서 자료를 만들 수 있다면 금상첨화다.

상대 회사의 홈페이지에 들어가 보는 것도 좋다. 대표이사의 경영 철학이나 임원진의 경력, 출신지, 출신 학교 등이 나와 있다면 미리 파악해두자. 홈페이지에 사용된 용어나 전체적인 색채도 좋은 참고자료가 된다.

● 자료를 작성하기 전에 체크 포인트!!!

		항목	내용	
개요	1	프레젠테이션 테마		
	2	마감 일시	년 월 일 (요일) 시	자료 작성 일정을 짜기 위해서라도 마감일 확인은 필수
목적	3	목적 파악	프레젠테이션의 목적·강조 내용은 무엇인가?	
		이번 프레젠테이션의 목표 (~가 ~가 된다)	'신부서 설립 승인받기' 등	
		최종 목표 (~가 ~가 된다)	'프랜차이즈에 가입 유도' 등	
상대방	4	상대방의 속성	인원: 남 명 / 여 명 연령: 30대 명 / 40대 명 이름·직책: 지식·경험: 성격:	상대방을 모르면 설득 전략을 세울 수 없다
	5	결정권자가 따로 있는가?	'최종 결정에는 사장이 결재' 등	결정권자가 따로 있는 경우 기호나 특성을 미리 조사해둔다
	6	상대방이 추구하는 것 / 관심 사항	'설비를 최대한 저렴하게 도입하고 싶어 함' '가격보다 성능을 중요시하는 분위기' 등	
	7	상대방의 전문 지식 수준 / 용어 인식	'중장년층으로 IT지식 부족' '모두 의사들이므로 의학 용어 사용 가능' 등	상대방에 따라 용어를 구분해서 사용한다
	8	상대방은 어느 정도 우리를 아는가	'전혀 면식 없음' '거래 실적 있음' 등	초면이면 자기소개 항목을 넣는다
	9	상대방 설득에 무엇이 유용하고 무엇이 부적절한가	'숫자를 좋아함' '시력이 나쁨' 등	
	10	예상되는 질문이나 반론	'O월 O일까지 끝납니까?' '제안 가격이 너무 높아 현실적으로 어렵겠다' 등	상대방이 문의할 만한 사항을 예상하여 설명을 미리 넣어둔다

Point Check
프레젠테이션 차별화 전략 1

눈길을 확~ 끄는 자료는 여기가 포인트!

비단 프레젠테이션 자료 뿐 아니라 각종 자료를 검토할 때 당신 자신의 느낌을 한번 떠올려보라. 신중하게 검토하기도 전에 무의식중에 '잘했네' 혹은 '따분하네' 하는 느낌이 확 오지 않던가? 같은 테마를 다룬 여러 사람(회사)의 자료를 접할 기회가 있으면 잘 비교해보기 바란다.

'이쪽은 그림이 많은데 이쪽에는 글씨밖에 없어서 읽을 마음이 안 생기네?' '색깔을 알록달록하게 많이 사용하는 것보다 검정과 빨강만으로 표현한 쪽이 세련되어 보이는군!' '이 자료는 글씨가 깨알 같은데 여기는 여백이 많네?' 라는 식의 차이가 눈에 들어올 것이다. 여러 자료를 자주 비교하면서 보다보면 미묘한 차이가 주는 호감도를 식별해내는 눈이 훨씬 예리해진다.

그런 다음 그 느낌을 살려 실제로 자료를 만들어보라. A 방법도 좋았고 B 방법도 좋았는데… 하면서 욕심을 부려 한꺼번에 다 활용하려다보면 오히려 자료를 망치는 수가 있으니 주의해야 한다.

사람의 기호란 실로 천차만별이므로, 자료를 작성한 후에는 여러 사람들에게 보여주고 반응을 보도록 하자. 본인은 대만족인데 상사가 전혀 평가를 해주지 않거나 남성들은 좋은 반응을 보였지만 여성들은 거부 반응을 보이는 경우도 있을 것이다. 이런 경험들은 모두 피가 되고 살이 된다.

실제 프레젠테이션 대상이 중년남성 관리자라는 정보를 입수했다면 비슷한 대상층에게 호평을 받았던 자료로 공략해보라. 젊은 여성들이 대상이라면 마찬가지로 여성들에게 반응이 좋았던 자료를 기본 틀로 쓰면 성공확률이 높아진다.

뚜렷한 목표를 세워라

성공하는 사람들은 모두 가슴 속에 큰 꿈을 품고 있었다.
목표를 설정하지 않은 사람들은 목표를 뚜렷하게 설정한 사람들을 위해 일하도록
운명이 결정된다. 당신이 원하는 것을 명확히 하라. 보이지 않는 과녁은 맞출 수 없다.
당신의 이상적인 직무를 정의해보고, 그것을 얻을 때까지 노력하는 것을 멈추지 마라.

― 브라이언 트레이시

PART 02

입사 3년차의 프레젠테이션
PRESENTATION

순식간에 OK를 이끌어내라

멋지게 '한줄 요약'을 해라

▎제목만으로 읽는 이의 마음을 사로잡아라

표지에 적는 제목은 가장 신경 써야 할 부분이다. 페이지를 넘기느냐 마느냐가 모두 여기에 달려 있기 때문이다. 디자인이나 레이아웃도 중요하지만 눈을 확 끄는 인상적인 제목, 내용을 함축한 단어 조합이 포인트다.

가령 '서울의 교통정체 완화 방안'이라는 안건에 응모한다고 해보자. 많은 사람들이 타이틀 그대로 '서울의 교통정체 완화 방안 기획서'라는 제목을 붙인다. 하지만 그래서는 도무지 무슨 내용인지 감이 잡히지 않을 뿐만 아니라 다른 응모자들의 자료와 차별화되지도 않는다.

살짝 사고를 전환해 '자전거 보관소 신설을 통한 정체 완화 플랜'이라 해보자. 무엇을 어떻게 하자는 내용인지 대충 짐작이 가지 않는가? '3년 간 5,000여 곳 목표'라는 카피를 덧붙이면 읽는 이의 머릿속에 한층 구체적인 이미지가 떠오른다. 글자 수로 치면 제목이 17글자, 카피 문구가 9글자에 불과하지만 전체 내용이 이 두 문장에 녹아 있다.

제목은 가능한 창의적이고 자유롭게 붙여라! '프랑스 의료 연수 리포트' '바닷가 여행기'라는 식의 제목을 심심치 않게 볼 수 있는데 이런 밋밋한 제목은 읽어보고 싶은 욕망을 자극하지 못한다. 이것을 '산모의 70%가 무통 분만을 하는 나라, 프랑스 의료 연수 리포트' 혹은 '소나무와 야생화의 천국, 서해안 따라 주말여행'으로 바꾸면 어떨까? 인상이 확 달라지지 않는가?

• 내용을 한 번에 전달할 수 있는 제목을 잡아라

Bad

 모집 공고 타이틀을 그대로 제목에 가져다 붙이면 내용을 가늠할 수 없다. 다른 응모자와 차별화되지도 않는다

서울의 교통정체 완화 방안
기획서

(주) 스마일 라이프 연구소

Good

 숫자를 넣으면 연상이 쉬워진다

 3년간 5,000여 곳

자전거 보관소 신설을 통한 정체 완화 플랜
제안서

 정체 완화 방안이 구체적으로 포함되어 있다

이미지 일러스트로 제안 내용을 시각적으로 전달한다

(주) 스마일 라이프 연구소

명사로 끝내면 효과 만점

표제로 선택할 문구를 선택할 때는 신문이나 잡지의 헤드라인을 참고하자. '전국을 뒤덮은 자전거 물결' '도박에 중독된 대한민국' '성적은 집값 순' 등. 이들 표현에 공통된 점은 모두 명사로 끝난다는 점이다. 문장의 마지막이 명사로 끝나는 이런 문장을 '명사절' 이라고 한다.

'머리숱이 적어 고민입니다' '이 DVD가 당신을 변화시킨다' 는 밋밋한 문장을 '적은 머리숱에 골머리' '당신을 변화시키는 DVD' 라는 식으로 순서를 바꾸어 명사로 끝내면 어감이 훨씬 강렬해진다.

내가 광고회사에 근무하던 시절에 '~의 ~는 ~입니다' 라는 카피만 애용하던 카피라이터가 있었다. 예를 들면 이런 식이었다. '우리 집의 행복은 요리입니다' '안경의 기본은 변신입니다' 라는 식인데 이런 표현은 세 가지 문제를 내포한다. '장황하고' '약하고' '밋밋하다'.

이것을 '요리로 행복해지는 우리 집' '안경의 변신은 기본' 이라고 명사절로 바꾸면 글자 수도 줄고 의미를 전달하기도 쉽다. '무조건 글자 수를 줄여라' 가 나의 신조다.

이 작업에 익숙해지 위해서는 평소 문장을 명사로 끝내는 훈련을 많이 해봐야 한다. 일단 '~이다' '~입니다' 를 빼고, '~의' '~한' 등의 수식어 표현으로 바꾸어 본다. 그 다음, '정리의 기법' → '정리 기법', '기존의 제품' → '기존제품' 으로 바꾼다. 순서를 바꾸고 명사절만 잘 활용해도 탄탄하고 힘 있는 제목으로 탈바꿈한다.

• 강력한 제목을 뽑아내는 훈련

예문

이번에 소개드리는 송송 타월의 장점은 무엇보다도 흡수력이 뛰어나다는 것입니다

간결하고 함축된 문장이 포인트

송송 타월의 장점은 뛰어난 흡수력입니다

'~이다' '~입니다'를 뺀다

송송 타월의 장점 뛰어난 흡수력

 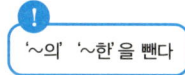
'~의' '~한'을 뺀다

송송 타월 장점 뛰어난 흡수력

 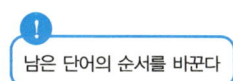
남은 단어의 순서를 바꾼다

뛰어난 흡수력, 송송 타월

*2 구성
단순하게 만들수록 두드러진다

▍인사말·기획 의도·배경은 필수 조건이 아니다

'자료의 구성은 최대한 단순하게!' 이것이 프레젠테이션 자료 작성의 원칙이다. 불필요한 항목은 처음부터 넣지 않는 것이 상책이다.

'프레젠테이션 자료니까 일단 '인사말'과 '기획하게 된 배경과 의도'를 넣어야……' 이렇게 생각하는 사람이 많은데 읽는 사람 입장에서 생각하면 꼭 필요한 것은 아니다.

가령 여행사에 '해외 관광객 유치방안'을 제안한다고 하자. '기획 배경'을 설명하기 위해 국가별 GDP(국내총생산), 방문 여행객 수 추이에 대해 한 페이지 정도는 할애할 수 있다. 그러나 여행사 쪽이 이런 업계관련 정보에는 더 밝을 것이고, 정부가 발표하는 공식 데이터를 방대한 글과 함께 늘어놓아봤자 찬찬히 읽지도 않을 것이 뻔하다. 자칫 수치가 잘못 기재되기라도 하면 오히려 실수를 지적당하기 십상이다.

서류 심사에서 통과하려면 무엇보다도 눈에 띄는 것이 우선이다. 그러려면 처음부터 바로 본론을 꺼내는 것이 좋다. 상품이나 서비스를 알리고 싶다면 간략하게 개요를 설명하고 나서 이어 효과나 비용 등 세부내용을 전개한다. 상대방이 원하는 것은 구체적인 정보다.

기업 프레젠테이션의 일종인 CF나 신문, 잡지광고, 지하철 내 광고를 보라. 기획 배경이나 의도에 관한 설명 따위는 전혀 없다. '좋은 상품이니 사라'라는 메시지가 강렬하게 전달되지 않는가?

• 기획서가 얇을수록 전달력은 UP

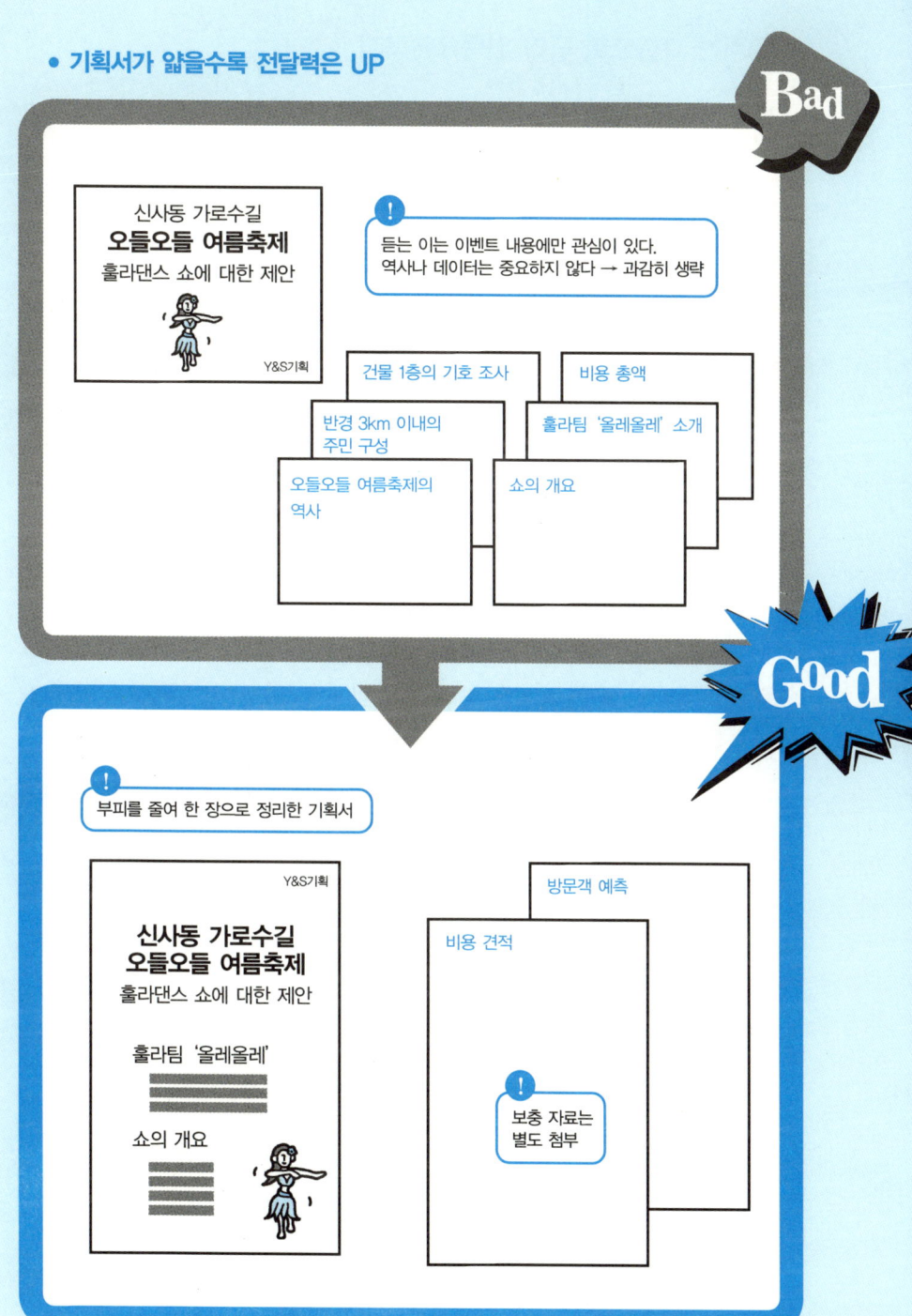

목차는 그룹으로 묶어 일목요연하게

필요한 내용만 최소한으로 압축해도 분량이 많아 기획 배경 같은 부연 설명을 넣을 여유가 없는 경우도 많다. 절대 필요하지 않다고 단언할 수는 없지만 일단은 '과연 상대방이 모르는 정보일까?' '그들이 원하는 정보일까?' 를 생각해보는 습관을 들이도록 하자.

부득이하게 자료의 분량이 많아졌다면 표지 뒤에 '목차' 를 넣는다(자세한 내용은 제5장 참조). 자료의 전체 구성이 일목요연하게 목차에 정리되어 있으면 읽는 이가 구성을 염두에 두고 페이지를 넘길 수 있다.

목차는 보통 페이지별 제목을 내림차순으로 나열한 뒤 1, 2, 3……으로 번호를 매기는데 번호가 10 이상 넘어가는 것은 바람직하지 않다. 항목이 10개를 초과하면 그룹으로 나누어 목차의 레이아웃을 재구성한다.

각 그룹별로 제목을 붙이는 것도 좋다. 굳이 '제1장, 제2장……' 으로 나누지 않아도 오른쪽 페이지의 자료처럼 '(1) 컴플라이언스부의 업무' '(2) 신설 스케줄' 과 같이 그룹별 제목을 정하고 그 밑에 ① 브랜드를 보호하는 컴플라이언스 업무 ② 타사 사례 ③ 젊은층을 활용하는 당사의 방침 등 소제목을 넣는다. 별것 아닌 듯 보여도 전체의 구성이 일목요연하게 한 눈에 들어올 뿐만 아니라 매우 정돈이 잘된 자료라는 인상을 풍긴다.

앞에서 언급한 '기획 배경' '기획 의도' '역사' 와 같은 데이터는 마지막에 참고 자료로 덧붙이거나 별도 자료로 건넬 수도 있는데, 그럴 때는 목차에도 명기하는 것을 잊지 말자.

• **나열만 하지 말고 그룹으로 묶어라**

 Bad

목차

① 브랜드를 보호하는 컴플라이언스 업무
② 타사 사례
③ 젊은층을 활용하는 당사의 방침
④ 설립 준비 위원회 멤버
⑤ 개설 스케줄(3월까지)
⑥ 연간 스케줄(4월~다음해 3월)
⑦ 자회사 대상 지도 계획
⑧ 협력회사 대상 지도 계획
⑨ 각사 위원 선출
⑩ 국내 컴플라이언스협의회 가입
⑪ 국제 컴플라이언스 컨퍼런스 가입

! 각 항목이 길게 열거되면 컨텐츠가 많은 인상을 준다
→ 지루하고 무질서한 느낌

Good

목차

1. 컴플라이언스부의 업무
① 브랜드를 보호하는 컴플라이언스 업무
② 타사 사례
③ 젊은층을 활용하는 당사의 방침
④ 설립 준비 위원회 멤버

2. 신설 스케줄
① 개설 스케줄 (3월까지)
② 연간 스케줄 (4월~다음해 3월)

3. 그룹 내 매니지먼트
① 자회사 대상 지도 계획
② 협력회사 대상 지도 계획
③ 각사 위원 선출

4. 관련 단체 가입
① 국내 컴플라이언스협의회 가입
② 국제 컴플라이언스 컨퍼런스 가입

 11개 항목을 그룹으로 나누어 붙인 이름이 각 장과 항목 표제

*3 본문
문장 실력이 없어도 잘 만들 수 있다!

▌한 단락은 아무리 길어도 다섯 구절

많은 직장인들이(아, 대학생들도 물론) "글솜씨가 형편없어서 프레젠테이션 자료를 못 만들겠어요."하고 말한다. 그러나 글솜씨와 프레젠테이션 자료 만들기는 거의 관계가 없다. 프레젠테이션 자료에서 미사여구가 장황하게 나열된 문장은 필요 없기 때문이다. 프레젠테이션 자료는 소설이나 드라마 대본과 아주 많이 다르다. 이미지와 직감으로 승부해야 한다.

말로 어떻게 설명해야지 하는 이미지가 떠올랐다면 일단 최소한의 문장으로 표현할 수 있는 키워드와 표제를 뽑아보라. 그리고 선이나 도형을 써서 묶거나, 화살표나 기호로 연결해보는 등 되도록이면 시각에 호소할 수 있는 방법을 찾아보라. (도해 방법은 제5장 참조) 그리고 문장을 아주 안 쓸 수는 없겠지만 되도록 적게 써보라.

단어 몇 개가 모여 이루어진 한 덩어리를 '문구'라고 하고, 몇 개의 '문구'가 모여 이루어진 것이 '문장'이다. 표제나 조항 같은 '문구'는 반드시 필요하지만 장황한 '문장'은 필요 없다. 신문을 펼쳐보면 일반 기사의 첫 문장은 한 구절에서 세 구절, 많아도 다섯 구절을 넘지 않는다. 이것을 기준으로 삼기 바란다. 이 이상 많아지면 문장이 지나치게 길다는 인상을 준다.

▌접속사는 과감하게 생략!

'그러나' '및' '더불어' 같은 단어가 들어가면 문장이 길고 장황해질 우려

• 장황한 문장을 짧고 간결하게 만든다

Bad

길고 애매한 문장

예문 1 이번 기획은 기획자 5명이 합숙하면서 브레인스토밍과 검증을 반복하면서 100개 안을 한 개 안건으로 좁힌 것이다.

> ! '~서' '~을'로 이어지면 문장이 점점 길어진다

예문 2 우리 시에서는 중학생 학원 수강생은 해마다 늘어나는 추세이지만 행복초등학교가 속한 학군만으로 한정하면 줄어들고 있다.

> ! '~만'이라는 부정 표현은 꼭 필요한 것이 아니다

예문 3 솔로몬 지점의 총무부는 최소 인원으로 규모 있게 운영되고 있으나 본사의 지시라면 전시회 설명 요원을 배치하는 데 인색하지 않다.

> ! '~나'를 기준으로, 앞문장보다 뒷문장이 중요하다.
> '인색하지 않다'의 본심이 무엇인지 애매하다

Good

짧고 간결한 문장

예문 1 이번 기획은 100개 안을 한 개 안건으로 추려냄. 기획자 5명이 합숙. 브레인스토밍과 검증을 반복.

> ! 짧은 문장으로 나눌 수 없는지 생각한다

예문 2 행복초등학교가 속한 학군 내에서는 중학생의 학원 수강률이 낮아지고 있다.

> ! 직접 관련이 있는 문장만 남긴다

예문 3 본사의 지시대로 지점에서 전시회 설명 요원을 배치하겠다. 단, 솔로몬 지점의 총무부 인원은 빠듯한 실정이다.

> ! '~을 ~하다'는 한정형으로 바꾸었다
> 보충 설명은 뒤에서 해도 된다

가 있다. 2개 이상의 문구를 잇는 단어를 '접속사'라고 하는데, 프레젠테이션 자료를 만들 때는 접속사를 과감히 생략하고 문장을 나누는 것이 좋다.

예를 들어, '호출기의 단점은 연락을 받으면 공중전화를 찾아 전화를 걸어야 하는 점이었다. 그러나 휴대전화는 연락하고자 하는 상대방과 바로 통화할 수 있다. 그뿐만 아니라 문자를 사용하면 통화가 되지 않아도 연락을 할 수 있다'는 문장을 접속사를 쓰지 않고 단문으로 나눠보자.

'호출기의 단점 : 답신 전화를 해야 내용 확인 가능 / 휴대전화의 장점 : ① 직접 통화 가능 ②문자로도 연락 가능'으로 표현할 수 있다.

프레젠테이션 원고는 학술 논문도 아닐 뿐더러 인기 작가의 소설이나 에세이는 더더욱 아니다. 따라서 문장에 멋을 낼 필요는 없다. 어려운 사자성어나 관용 표현을 쓸 필요도 없다. '비듬이 사라진다' '린스가 필요 없다' '머리에 윤기가 흐른다' 정도로만 표현해도 '무엇이' '어떻게 되는지' 충분히 설명할 수 있다. 초등학생도 알 만한 주어+술어의 간단명료한 문구로 엮어가는 것이 기본이다.

그러나 이것만으로는 어딘가 부족하므로 키워드를 달아준다. 가령, 오른쪽 페이지의 샴푸인 경우, 이를 통합하는 '3대 장점'이라는 표제를 달아 뜻을 명확하게 전달할 수 있다. 장점을 부각하기 위해 사용 전과 사용 후의 상태를 대조시키면 훨씬 효과적이다.

예를 들어, '사용 전 : 어깨에 비듬이 떨어진다, 머리카락에 정전기가 자주 생긴다' '사용 후 : 두피가 건강해진다, 머리카락에 탄력이 생긴다'로 표현한다고 치자. 이럴 때는 가운데 부분에 3대 장점을 쓰고 왼쪽에 사용 전 상태를, 오른쪽에 사용 후 상태를 적은 다음 화살표를 이용하면 내용이 한 눈에 들어온다. 화살표를 이용하면 접속사는 물론이거니와 '이 샴푸를 매일 사용하시면 ~와 같은 효과를 실감할 수 있습니다' 하는 등의 장황한 표현 없이도 한 눈에 내용을 파악할 수 있다.

이 때, 사용 전, 장점, 사용 후 문구를 사각형에 넣어 그룹으로 묶으면 시각적으로 좀더 강렬한 인상을 남길 수 있다.

• 단문으로 표현하면 이해도 UP! 시각적 효과 UP!

Bad

블루 하와이 샴푸는……

린스를 사용하지 않아도 비듬을 방지하고
머리카락에 윤기가 생깁니다.
어깨에 떨어지는 비듬 때문에 고민하시는 분,
머리카락이 엉켜 신경 쓰이시는 분께
건강한 두피와 탄력을 드릴 것을 약속합니다.

! 장황한 설명문은 이해하는 데 시간이 오래 걸린다

Good

블루 하와이 샴푸

! 키워드를 3개로 뽑아 정리한다

3대 장점

- 어깨에 떨어지는 비듬
- 정전기가 자주 생기는 머리카락

1. 비듬이 사라진다
2. 린스가 필요 없다
3. 머리에 윤기가 흐른다

- 건강한 두피
- 탄력 넘치는 머리카락

! 이미지 일러스트를 활용하면 이해가 훨씬 빠르다

! 〈사용 전〉〈사용 후〉가 한 눈에 들어온다

4가지 이상은 기억하기 어렵다

3가지로 압축하라

좋은 결과를 내고 싶은 욕심에 전달하는 측은 최대한 많은 정보를 전하고 싶겠지만 반대 입장에서 생각해보자. 한꺼번에 이것도 듣고 저것도 들으면 도리어 아무것도 기억할 수 없다. 1부터 20까지 효능과 장점이 나열되어 있는 자료를 덮고 나서 한두 개라도 기억하고 있으면 다행이다.

우리 주변에는 숫자가 넘쳐난다. '하나, 우리는 ○○업계를 이끌며…, 하나, 우리는 지역사회에 공헌하며…' 장황하게 이어지는 사훈이 많다. 그 회사 직원들이야 외우고 다닐지 몰라도 관계없는 사람들은 돌아서면 잊어버릴 것이 뻔하다.

전 세계에서 1,500만 부 이상이 팔린 스티븐 코비의 《성공하는 사람들의 7가지 습관》. 학창시절에 과제로 이 책을 읽으면서 '첫 번째가 ○○, 두 번째는 ○○…' 하고 외워보려고 했는데 7가지나 되다보니 도무지 외워지지가 않았다. 그 다음 과제도서였던 혼다 켄의 《스무 살에 만난 유태인 대부호의 가르침》도 마찬가지였다. 훌륭한 가르침이 17가지나 소개되어 있었지만 지금 나는 한 가지도 기억하지 못한다.

프레젠테이션 세미나를 할 때 내가 늘 하는 실험이 있다. 참가자들에게 잡지나 사보에 실린 가벼운 자료 한 장을 1분 동안 읽게 한 뒤 기억나는 내용을 1분 동안 적게 하는 것이다. 대개가 두세 가지 정도, 기억력이 매우 뛰어난 사람이라고 해봤자 겨우 다섯 가지 정도 기억해낸다. 방금 머릿속에 넣은 정보인데도 1분이 지나자 단 두세 가지밖에 기억하지 못하는 것이다.

● 추천 상품도 3가지로 압축해야 고르기 쉽다

딜리셔스 과자점
~ 주문 추천 상품 TOP 10 ~

1. 롤케이크 (과일)   12,000원
2. 롤케이크 (쇼콜라)   12,000원
3. 바나나 파운드케이크   9,000원
4. 하트초콜릿   4,500원
5. 피낭세 10개입   13,000원
6. 가토 쇼콜라 홀   25,000원
7. 녹차앙금빵 5개입   10,000원
8. 렁그 드 샤 20개입   20,000원
9. 마들렌 5개입   11,000원
10. 롤케이크 (메이플)   12,000원

! 10종류나 되니 추천 상품이 무엇인지 전달되지 않는다

대량 구매하실
좋은 기회입니다

딜리셔스 과자점
~ 주문 추천 상품 TOP 3 ~

! 3개로 압축하여 소비자의 구매 의욕을 자극. 판매자 또한 중점 상품만 여분을 준비해놓으면 되니 일석이조!

인기상품

No.1	롤케이크 (과일)	12,000원
No.2	롤케이크 (쇼콜라)	12,000원
No.3	바나나 파운드케이크	9,000원

대량 구매하실 좋은 기회입니다

이렇듯 우리 기억력에는 한계가 있다. 적극적으로 외우려 할 때도 잘 외워지지 않는데 하물며 막연한 정보를 접하면 어떻게 되겠는가! 뇌의 기억체제가 무방비 상태로 있을 때는 정보량이 아무리 많아봤자 소용없다.

3가지 테마로 분류하라

종종 지나치게 장황하게 구성된 제품 전단지나 자기소개서를 보게 된다. 자기소개서는 물론 프레젠테이션 자료는 유사한 것끼리 모아 3그룹으로 분류하는 것이 좋다.

음악과 관련된 회사의 사업 내용을 적은 자료가 있다고 해보자. 음악교육, 컴퓨터교육, 작곡, 녹음, CD프레스, 홈페이지 제작 등 IT지원, 아티스트 파견……. 전개중인 사업을 다 알리고 싶은 마음은 이해되지만 가짓수가 너무 많아 한 마디로 설명이 되지 않는다. 이 경우 음악교육과 컴퓨터교육을 묶어 '교육 사업', 작곡~녹음, CD프레스까지를 '음반제작 사업', 홈페이지 제작과 아티스트 관리를 묶어 '프로모션 사업'으로 나눌 수 있다. '교육 사업' 밑에 '음악교육'과 '컴퓨터교육'이라고 해놓으면 이해하기도 쉽다.

테마를 분류하는 작업은 특성에 따라 나누는 '그룹화' 작업과 그룹별 '네이밍' 작업, 이 두 단계로 나뉜다. 그룹을 아무리 잘 나누었다고 해도 네이밍이 약하면 전달력이 떨어진다. 간결하고 절묘한 네이밍 작업을 할 때 되도록이면 외국어를 피하는 것이 좋다. '코스트 다운'이 아니라 '경비 절감' 혹은 '비용 절감'으로 표현하고, '용이하다'는 표현 대신에 '쉽다'라는 말이 훨씬 간결하고 의미 전달도 빠르다. 물론 우리말도 단어가 2개 이상 되면 장황해질 위험이 있다. '현재의' '상황'이라는 두 단어를 쓰기보다 이를 조합한 '현황'이라는 단어를 선택한다.

하고 싶은 말이 수없이 많을 때도 의미가 정확히 함축된 세 단어를 찾아 압축해내는 습관을 기르도록 하자.

- 2단계 분류법

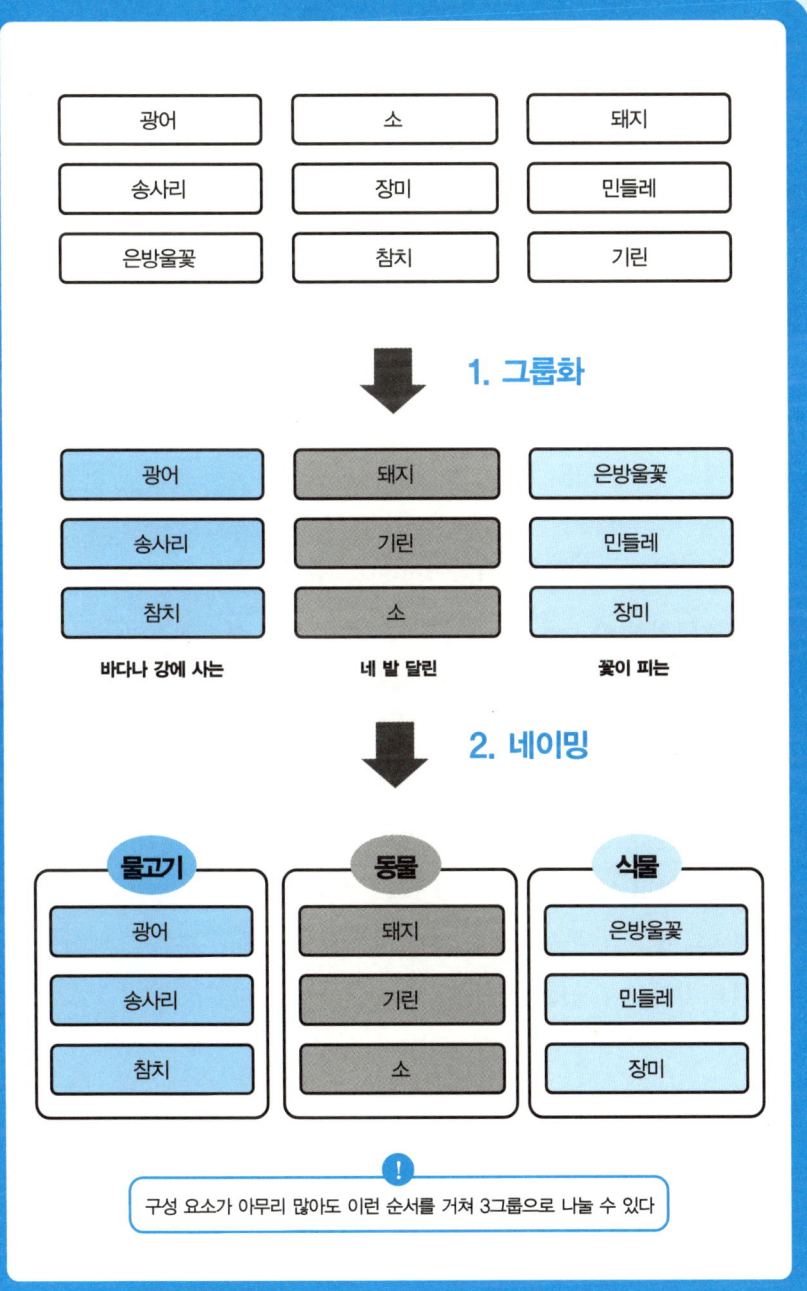

한 단어를 찾아라

▎무엇을 전달할 것인가

자기소개 장면을 떠올려보자. 상황은 아주 다양하다. 맞선처럼 일대일로 마주앉아 대화를 주고받는 자리일 수도 있고, 3대 3 협상 또는 5대 5 미팅 자리에서 나를 소개하는 경우도 있을 수 있다. 30~40명씩 되는 사람들 앞에서 나를 소개해야 할 때도 있을테고 100명이 넘게 모이는 전국 영업인 회의에 참석할 때도 있을 것이다.

인원이 많아질수록 개별정보는 기억하기 어려워진다. 기껏해야 '한국대학에 다니는 나힘찬 씨'라든가 '게임을 좋아하는 유리 씨', '제주도 출신의 홍민수 씨' 정도가 고작이다. 그렇게나마 기억해주면 고마울 따름이다. 눈에 띄는 두세 명을 제외하고는 대개가 돌아서면 그만이다.

프레젠테이션 현장도 이와 마찬가지다. 경쟁자가 몇십 명에 이르는 취업 면접이나 입찰에서 수만 명에 이르는 공모전까지. 그 속에서 나(우리 회사)를 기억하게 만들려면 어떻게 해야 할까? 그런 자리에서 열 가지, 스무 가지씩 나(우리 회사)의 장점을 줄줄 읊어대 봤자 하품만 나오게 할 뿐이다. 핵심이 되는 한 단어를 찾아 승부를 걸어야 한다.

▎3가지 테마를 한 단어로 요약하라

앞에서 '전달하고자 하는 내용을 3가지로 분류하라'고 했다. 그렇다면 3가지 테마를 한 단어로 요약하는 건 어떨까?

• 하고 싶은 말을 압축한다

Bad

'?'의 민기 씨

저는 대학병원의 간호사입니다.
출신은 강원도이며 이전에는 기숙사에서 생활했으나
지금은 서교동에서 남동생과 자취(거처)를 합니다.
취미는 댄스이며 교대근무 생활 속에서도
열심히 강습도 받고 관람도 합니다.
좋아하는 음식은 망고와 초콜릿이고, 싫어하는 음식은 회입니다.
혈액형은 A형, 별자리는 쌍둥이자리입니다.
특기는 서예이고 사범 자격증을 갖고 있습니다.

- 직업
- 출신지
- 거처
- 취미
- 기호
- 혈액형
- 별자리
- 특기

! 내용이 중구난방 너무 많아 아무 것도 기억에 남지 않는다

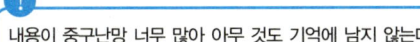

Good

'간호사' 민기 씨

저는 **대학병원 소아과**의 **간호사**입니다.
간호학교 졸업 후에 취직한 병원은 개인이 운영하는 **정형외과**였지만
아이들이 좋아서 **소아과**가 있는 **대학병원으로 옮겼습니다**.
아이들은 **주사**를 맞을 때 무서워서 울기 때문에
가끔 TV 만화 등을 보면서 요즘 **아이들**에게
어떤 캐릭터가 인기가 있는지 알아두려고 노력합니다.
만화주제가를 불러주기만 해도 울음을 뚝 그치는 아이도 있어
굉장히 효과가 컸습니다.

 내용을 하나로 압축했기 때문에
민기 씨의 특징을 금방 기억할 수 있다

예를 들면 '도입이 간편하고' '설치비용도 저렴하고' '최소 인원으로 운용이 가능한' 시스템은 '간편 도입 ○○시스템'으로 요약이 가능하다.

자기소개서에도 캐치프레이즈를 달면 훨씬 느낌이 강렬해진다. '축구 천재 박지성' '콧수염 ○○○' '와인전문가 ○○○' 등등.

그러나 만약 '와인전문가 ○○○'가 와인전문가 모임에 참여했다면 모인 사람이 모두 '와인전문가'일 테니 내용을 약간 세분화해서 바꾸어야 한다. '프랑스와인의 달인 ○○○' 식으로 말이다.

이처럼 말할 내용을 한 가지, 한 단어로 요약해서 때와 장소에 따라 융통성 있게 바꾸는 것도 중요하다.

기업이나 상품 프레젠테이션이라면 단어 선택에 더욱 신중을 기해야 한다.

예를 들어, 광고 프로모션 기획에서 타깃 포인트가 '여성' '10대' '저가'라면 단번에 '여고생'을 떠올릴 수 있다. '가이드 동반' '3식 제공' '관광명소 풀코스 안내'를 내세운 단체관광이라면 '정통여행' '여유로움'과 같은 한 단어를 골라낼 수 있다.

이렇게 체로 걸러낸 한 단어는 즉시 표제에도 활용한다. 더 강조하고 싶으면 머리글 기능을 이용해 모든 페이지에 표시해도 좋다.

● 적절한 한 단어를 선택한다

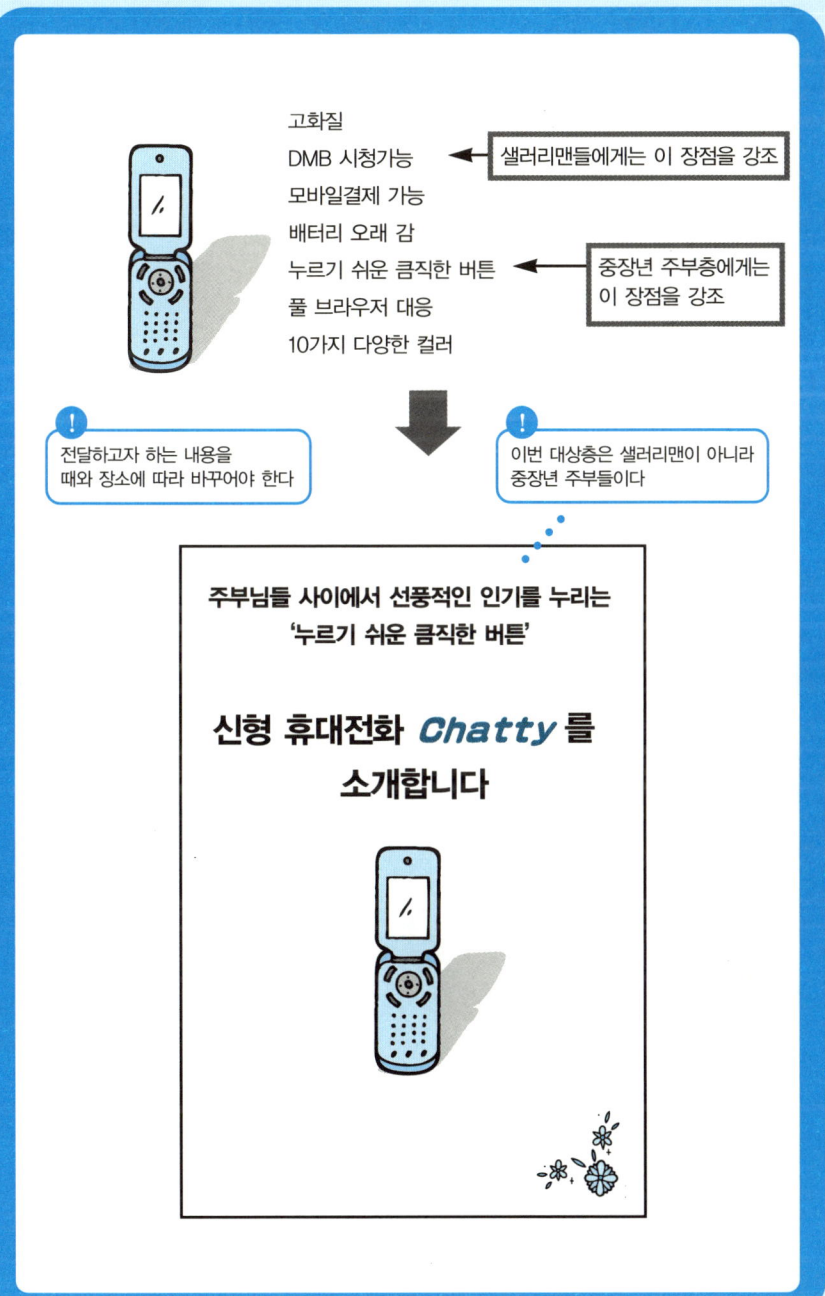

*6 수치화
숫자의 마술로 호소력 UP!

말보다 강한 '숫자'의 힘

글씨만 빼곡한 프레젠테이션 자료는 보기만 해도 따분하다. 도저히 읽을 마음이 생기지 않는다. 글자 수를 확 줄이면서도 원하는 내용을 확실히 전달하는 방법을 강구해야만 한다. 이 때 빛을 발하는 것이 바로 숫자다.

'저는 성실한 사람입니다' '이 제품은 굉장히 업그레이드되었습니다' 같은 설명만 가지고는 상대방의 마음과 행동에 변화를 일으키지 못한다. '저는 대학 4년 동안 단 한 번도 결석을 하지 않은 성실한 사람입니다' '이 제품은 기존제품보다 전기세를 30% 절감할 수 있습니다' 와 같이 숫자로 표현하면 내용이 한층 명확하게 전달된다. 막연하던 느낌이 사라지고 분명해지지 않는가?

숫자는 특히 보도자료에서 더욱 더 위세를 떨친다. 'ㅇㅇㅇ선수, 60도루 달성' 'ㅇㅇㅇ선수, 올 시즌 10호 홈런' 과 같은 문장은 스포츠 신문 헤드라인에서 자주 보이는 표현이다. '전년대비 매출 150% 성장' '2배 증량' 같이 숫자를 써서 상황을 표현한 예는 우리 주변에서 얼마든지 찾아볼 수 있다.

상황을 숫자로 표현하는 훈련을 평소에 많이 해두면 여러모로 응용이 가능해진다. 가령, 매출액이 작년보다 떨어졌다면 이익률 혹은 1인당 매출액 등 유리하게 어필할 수 있는 숫자를 찾아내면 된다.

당신 주위의 숫자를 찾아내라

숫자를 넣을 때 '국내 1위' 나 '세계 최초' 는 그리 흔치 않아도 'ㅇㅇ시 1위'

● 평범하고 밋밋한 표현에 숫자만 넣어도 이미지가 싹 바뀐다!

Bad

문장	• 저는 성실한 사람입니다. • 이 제품은 굉장히 업그레이드되었습니다.
헤드라인	• 한정기간 세일! • 대학 구내매점에서 판매순위가 높은 초콜릿 • 인터넷카페 '펫월드'에서 인기가 높은 블로그
제목	• '깜찍한 유리 씨'의 도시락 레시피 • 여성건축가 그룹이 고안한 주방
환산	• 비타민 B1 360정입 • 물 100리터 절약

 추상적인 표현 탓에 상대방의 마음을 움직이지는 못한다

Good

문장	• 저는 **대학 4년간 단 한 번도 결석한 적이 없는** 성실한 사람입니다. • 이 제품은 **기존제품보다 전기세를 30% 절감할 수 있습니다.**
헤드라인	• 한정기간 **1+1** 세일! • **코코대학** 구내매점 판매순위 **1위** 초콜릿 • 인터넷카페 '펫월드'에서 **방문횟수 순위 1위를 자랑하는** 인기 블로그
제목	• **10분 만에 뚝딱!** '깜찍한 유리 씨'의 도시락 레시피 • **6명의** 여성건축가 그룹이 **여성들을 위해** 고안한 주방
환산	• 비타민 B1 **1개월분** • **화장실 물 10회분**을 절약할 수 있습니다.

 숫자가 들어가면 내용 전달이 훨씬 쉬워진다

나 'OO구 최초'와 같이 작은 단위는 얼마든지 찾아낼 수 있다. 참고로, '국내 1위' '세계 최초' 등의 표현을 사용할 때는 공공기관의 조사 결과 등 근거 자료나 출처를 같이 표시해야 공정거래법에 위반되지 않는다.

숫자를 만들어내는 일은 그리 어려운 일이 아니다. 내 개인 블로그에 저녁 레시피를 꾸준히 올리기만 해도 '7년 9개월 동안 이어온 저녁 레시피'라고 홍보할 수 있다. 산책을 좋아하는 사람이 출간하는 식도락 서적이라면 '25년 동안 서울 곳곳을 산책하며 발굴한 맛집'이라는 근사한 제목을 붙일 수도 있다. 프레젠테이션 자료 제목도 마찬가지다. '신규판매 시스템 안'이나 '봄 캠페인 기획서'보다는 '이틀에 걸친 철야연구 속에 탄생한 판매 시스템' '17명이 머리를 짜낸 봄 캠페인'과 같이 숫자를 슬쩍 곁들이기만 해도 문장의 맛이 살아난다. 이런 숫자나 키워드는 본인은 의식하지 못하고 지나치는 경우가 많으므로 주변 사람들에게 의견을 구하는 것도 좋다.

광고에 자주 등장하는 문장 중에 '기존제품 대비'라는 것이 있다. '기존제품 대비 30% 증량', '기존 대비 20% 비용 절감' 같은 표현은 남의 영역에 침범하지 않으면서도 소비자들의 눈길을 끌 수 있다. 아무리 찾아도 내세울 구석이 없다면 참가자들의 특성을 어필하는 방법도 있다. 청년층이 포인트라면 '1980년대 출생 청년들이 제시하는 마을 살리기 방안', 소량판매의 단점을 거꾸로 이용해서 '이 분야 30년 장인이 만들어낸 한정품'이라는 식으로 숫자를 넣어 일단 상대방의 관심을 끌어보자.

'지구 O바퀴에 해당하는 길이' '여의도 O개만한 크기'처럼 쉽게 알 수 있도록 환산한 예시도 좋다. 같은 쇠고기의 무게라도 '1톤'보다는 '스테이크 5,000명분'이 한결 피부에 와 닿는다. '하룻밤 강우량이 50mm'라는 문장 밑에 '이는 충청북도의 10월 한 달 강우량에 해당됩니다'라는 말을 곁들이면 머릿속에 쏙쏙 들어온다.

• 숫자의 마법을 자유자재로 활용하는 두 단계

1. 나를 둘러싼 환경과 경력 등을 숫자로 표현해본다

1975년 5월 7일생　　35세

체중 57킬로그램

결혼 10년차　　자녀 2명

상경 18년째

마라톤 참가 2회

루이비통 가방을 9개 소유

매일 아침 7시 15분 기상

키 165센티미터

10년 만에 5킬로그램 증가

오빠 1명, 여동생 1명

이직 3회　　요가 13년

현미밥으로 바꾼 지 2년 3개월

대출금 잔액 1억 2천만원

 평소에 숫자 표현 훈련을 꾸준히 한다

2. 막연한 숫자를 이미지화하기 쉬운 숫자로 바꾸어본다

등심 1kg　→　
　　　　　　　스테이크 5인분

200kcal　→　
　　　　　　　평영 20분

주변에서 쉽게 접할 수 있는 것으로 바꾸어 표현하면 이미지 전달이 훨씬 수월해진다

2,000원 절감　→　　편도 1,000원
　　　　　　　　지하철 왕복 승차권분 절감

금액이 빠지면 결정을 내리기 어렵다

그래서, 결국 얼마라고?

크게는 전산시스템 도입에서 작게는 회식비용에 이르기까지 이 세상에 공짜는 없다. 일을 추진하는 데 있어서는 예산, 즉 돈이 따라붙기 마련이다. "마케팅이나 컨셉은 그렇다 치고, 도대체 얼마나 돈이 드는데?"라는 돌발 질문을 받은 적이 없는가?

프레젠테이션 하면 화려한 언변, 철저한 데이터를 첫 번째로 꼽는 사람들이 많은데 이보다 더 중요한 것이 바로 '돈이 얼마나 드느냐' 하는 문제다. 아무리 훌륭한 아이디어, 기획이라도 금액이 빠져서야 모두 헛수고다. 상대방이 50만 원 정도면 몰라도 1,000만 원은 지불할 수 없다고 버티면 어쩌란 말인가. 처음부터 "이번 기획에 소요되는 금액은 100만 원입니다"라고 금액을 제시해야 상대방도 판단을 할 수 있다. "참 좋은 기획이네요"라는 애매한 말만 반복하다가 자칫하면 아이디어를 도용당할 위험도 있다.

그렇다면 소요 비용은 프레젠테이션 자료의 어디쯤에 넣어야 할까?

아직 개요도 파악하지 못한 상태인데 첫 페이지부터 금액을 명기하면 너무 뜬금없을 테니 마지막 페이지나 한두 페이지 앞부분이 적절하다. 대면 프레젠테이션 전의 자료제출 단계라면 금액은 '전체 소요 금액은 얼마' 정도로만 적어 넣으면 된다. 이 단계에서 견적서 수준의 상세내역까지 적을 필요는 없다.

견적 세부 사항은 별첨으로 붙여도 좋고 대면 프레젠테이션을 하게 되었을 때 간략하게 구두 설명을 해도 좋다. 아직은 대략 산출한 금액이니 '○○비용 개산(概算)'이라는 제목과 함께 숫자 앞에 '약'을 붙이고, 어림잡아 금액을 적

- 제안 단계에서는 '총액'만 제시하면 된다

Bad

SEO 서포트 연간 비용 견적

(단위: 원)

	단위	수	단위	소계
사이트 내 조사 10일	200,000	1	전체	2,000,000
조사 보고서 작성	50,000	1	전체	500,000
컨설팅 초기비용				2,500,000
SEO	50,000	12	월	6,000,000
월차 보고서 작성	10,000	12	월	1,200,000
연간 운용비용				7,200,000
			소계	9,700,000
			소비세액	485,000
			합계	10,185,000

! 첫 프레젠테이션에서 상세한 비용 내역은 필요없다

Good

SEO 서포트 연간 비용

초기비용　2,500,000원
운용비용　7,200,000원 기타

합계
10,185,000원

(부가세 포함)

! 제안 시점에서는 대략적인 총액만 제시하면 된다.
금액을 크게 표시하면 알아보기 쉽다

※ 상세 비용은 첨부 견적서를 참고하시기 바랍니다

주) SEO(search engine optimization, 검색 엔진 최적화): 검색 엔진에서 검색했을 때 상위에 나타나도록 관리하는 것으면 된다.

부가가치세 포함 / 미포함은 반드시 표기하라

다음은 부가가치세를 다루는 법이다. 총액이 약 5,000,000원(VAT 포함)이면 최종 금액이 5,000,000원이 되지만, VAT 별도면 10%가 추가되어 5,500,000원을 받을 수 있다. 금액이 클수록 이 비중도 커지므로 중요한 문제다. 제안하는 쪽은 최대한 저렴하게 보이도록 부가세별도 금액으로 제시하기도 하는데, 상대방이 "이 금액이 최종 금액이죠?"하고 다짐을 받는 경우도 있다. 500만 원짜리 비즈니스에서 50만 원은 이익을 크게 좌우하는 금액이므로 세금 부분이 어떻게 되는지 반드시 언급해주어야 한다.

그밖에 자릿수를 잘못 기입하여 0이 하나 많고 적은 것이 문제가 될 수 있고, '만 원' '억 원' 등의 단위 용어에도 주의해야 한다. 가격 40,000,000원의 부동산가격을 4,000만 원으로 적으려다가 '만'을 빠뜨리고 4,000원이라 적었다면……. 행여 악질 기업이라도 만나면 "적혀 있는 대로 하자"며 억지를 부릴 수도 있다.

금액을 기입하고 나서는 반드시 통화 화폐, 즉 원이면 '원', 달러면 '달러', 유로면 '유로'를 붙이도록 한다. 특히 자국 통화가 아닌 외화로 결제할 때는 반드시 통화를 명기해두어야 미리 화를 방지할 수 있다. 금액을 기입한 프레젠테이션 자료를 데이터로 송부할 때는 만일의 사태를 대비해서 PDF파일(232쪽 〈Point Check〉 참조)로 보내거나 문서 암호를 지정한다.

• 금액을 효과적으로 알리는 방법

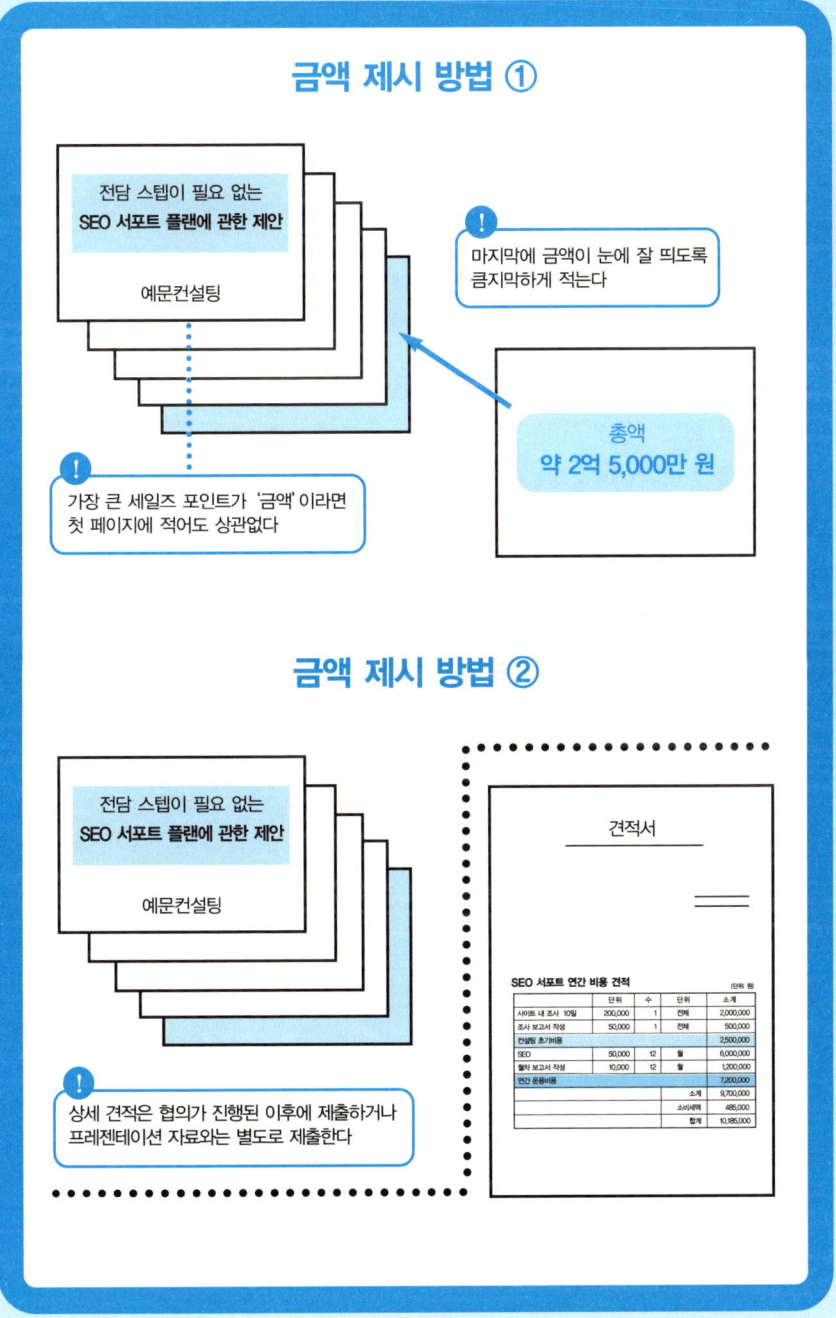

납기까지의 일정을 한눈에 보여주어라

어떻게 일정을 맞출까

'이번 회사 야유회에서 빙고 게임을 합시다' 하는 가벼운 것에서부터 '고속도로 건설 10년 계획'에 이르기까지 프레젠테이션 안건의 내용도 천차만별이다. 그러나 어떤 사안이든 우발적인 것이 아니라 반드시 '계획하고' '실행하는' 사람과 'OK 사인을 내리는' 사람이 존재한다.

별것 아닌 것처럼 보이지만 회사 야유회에서 하게 될 빙고 게임만 해도 언제까지 회비를 걷고 언제까지 게임 도구를 준비하고 언제 직원들에게 통보를 할지 등의 스케줄을 세워야 한다. 하물며 10년 후를 목표로 하는 대규모 건설 프로젝트는 어떻겠는가! 우선 1년 단위로 계획을 세우고 다시 그것을 6개월, 1개월, 1주 단위로 쪼개 세부 일정을 세워야 한다. 결정권자는 이 일정을 보면서 착공되어 가는 과정을 확인한다.

관공서나 대기업의 프로젝트는 대개 추진 여부가 확정되고 이미 예산까지 확보된 경우가 많다. 그러면 금전적인 협의에 시간을 허비하지 않아도 되는 이점이 있지만 착수 일정에서 납기, 마감일까지도 이미 결정되어 있으므로, '이 정도 일정이라면 틀림없이 실행할 수 있다'는 확신을 심어주지 못하면 OK 사인을 받기 어렵다. 제안자는 정확한 스케줄을 제시하고 가시화해야 한다.

취직, 이직과 같은 개인적인 사안도 마찬가지다. 아무리 강하게 입사를 희망하고 기업이 본인의 능력을 인정하더라도 기업이 원하는 시기와 맞지 않으면 성사되기 어렵다.

● **시간의 흐름이 한 눈에 파악되도록 만들어라!**

Bad

회의실 예약 ASP 시스템 판매 계획

개발	의견 조사 프로그래밍 시범 사이트 가동	5월 중순 ~ 6월 20일 6월 중순 ~ 8월 중순 8월 중순 ~ 10월 중순
판매	시장 조사 광고 계획 입안 내부 품평회	~ 6월 10일 6월 중순 ~ 7월 31일 8월 1일 ~ 8월 25일

! 일정이 머릿속에서 구체적으로 정리되지 않는다

Good

회의실 예약 ASP 시스템 판매 계획

| 5월 | 6월 | 7월 | 8월 | 9월 | 10월 |

개발
- 의견 조사 (5월 중순 ~ 6월 20일)
- 프로그래밍 (6월 중순 ~ 8월 중순)
- 시범 사이트 가동 (8월 중순 ~ 10월 중순)

판매
- 시장 조사 (~ 6월 10일)
- 광고 계획 입안 (6월 중순 ~ 7월 31일)
- 내부 품평회 (8월 1일 ~ 8월 25일)

오피스빌딩 설비운용 개시

! 도형과 화살표를 이용해 시간의 흐름을 보여준다

추후 계획까지 망라한 스케줄을 제시하라

스케줄을 표시할 때는 시각적 요소를 한껏 활용한다. 간트차트(각 활동에 걸리는 시간과 그것의 연계성을 수평 막대 모양으로 표시한 도표-역주)라 불리는 시간관리 시트를 이용하면 효과적이다.

오른쪽 페이지의 시트는 가장 단순한 간트차트로 맨 윗줄 좌측에서 우측으로 날짜, 요일 등의 시간이 들어간다. 세로축의 위에서 아래로는 업무, 작업항목이 행으로 나뉘어 들어간다. 그리고 표 안에 '이 업무는 언제부터 언제까지 걸린다'를 한 눈에 알 수 있도록 선이나 화살표, 선그래프식의 상자를 배치한다. 선이나 막대가 세로로 나열되면 여러 업무가 동시에 발생되고 있음을 의미한다.

소요 시간은 길이로 나타낸다. 화살표로 업무의 흐름을 표시하면서 키워드를 적어 넣으면 훨씬 알아보기 편해진다. 이 때 선 굵기와 컬러 선택에는 신중을 기한다.

여기서 경쟁자보다 한 발 앞서가는 중요한 팁 하나. 가령 1개년 프로젝트라면 1년간 업무 스케줄만 표시할 것이 아니라 그 이후의 2단계, 3단계까지 고안해서 제안하는 것이다. 1개년 프로젝트라고 해서 1년에 끝내고 말기에는 아깝지 않은가!

주최자나 의뢰자는 1년이 소요되는 1회성 프로젝트로만 생각했다가 당신의 제안을 듣고 연례행사나 여러 해에 걸친 프로젝트로 전환하거나 추가 예산 계획을 짤 수도 있다. 상대방이 적극적으로 관심을 가질 만한 장치를 여러 곳에 설치해두자.

- 예정에 없는 장기 계획도 제안해본다

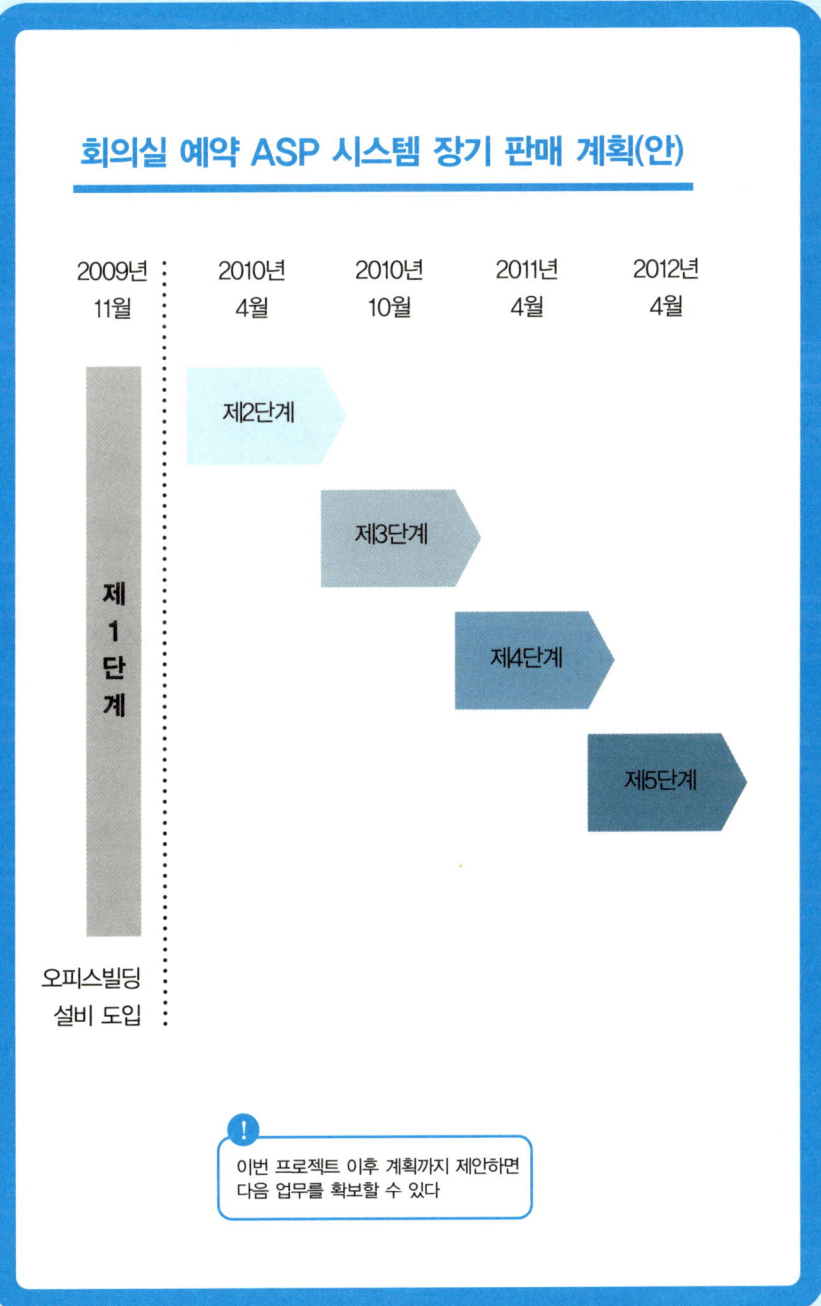

세일즈 포인트를 어필하여 신용도를 높여라

마음 놓고 맡겨도 될 상대인가

안건의 규모가 커질수록 프레젠테이션을 듣는 이는 제안자가 그 내용대로 실행할 수 있는 사람인지 아닌지에 대해 신중하게 고려하기 마련이다. 아이디어가 마음에 들어 결정했는데 중간에 다른 사정이 생겨 접게 되면 곤란하기 때문이다.

제안자가 회사나 단체라면 가장 먼저 조직의 규모를 본다. 대규모 프로젝트일수록 비용이 많이 들기 때문에 자금 운용의 견실성을 가늠할 수 있는 자본금, 과거의 결산서, 거래 은행, 보유 재산 등을 알려 달라는 경우도 있다. 비슷한 업무 실적이 있다면 설득하는 데 힘이 실릴 수 있다. 업무 수행에 필요한 직원이나 기기의 보유 여부 증명도 중요하다. 간혹 경영자의 출신 학교가 결정타가 되기도 한다. '포스터 제작담당 디자인기획사 선정'을 예로 들면 디자이너들의 수준이나 인원, 함께 움직일 외부 사진작가나 일러스트레이터의 프로필 등이 검토 자료가 된다. 촬영스튜디오나 편집 작업실, 특수출력기 등의 보유 여부도 참고 사항이 된다. 그러나 좋은 인재와 훌륭한 기자재를 갖추고 있다는 사실을 알리지 않으면 아무런 의미가 없다. '이번 업무에 필요한 체제를 완벽하게 갖추었다'는 사실을 적극적으로 알려야 한다. 대규모 입찰에서는 실적이나 능력을 가늠할 수 있는 자료를 의무적으로 제출해야 하지만, 그렇지 않다면 상대방이 요구하기 전에 알아서 제출하도록 한다. 필수 조건이 아니라면 경쟁자를 따돌릴 수 있는 중요한 무기가 된다.

이는 개인도 마찬가지다. 100% 훌륭하게 프로젝트를 수행할 수 있음을 증

• 우리 회사의 세일즈 포인트를 효과적으로 전달한다

Bad

그룹 내 지원 체제

주식회사 예문 컨설팅

- 변호사 1명
- 공인회계사 3명
- MBA 5명
- 공인노무사 2명
- 변리사 1명

주식회사 예문 디자인

주식회사 예문 파이낸스

! 직원 수는 나와 있지만 각자의 장점을 알 수 없다

Good

그룹 내 지원 체제

주식회사 예문 컨설팅

창업 1980년,
자본금 15억,
코스닥 상장

- 변호사 1명
  (한국대 졸, TOEIC 900점)
- 공인회계사 3명
  (세무사 자격 보유자 2명 포함)
- MBA 5명
  (한국대, 신라대, 기타)
- 공인노무사 2명
  (전 보건복지부 직원 포함)
- 변리사 1명
  (국제특허업무 경력 15년)

주식회사 예문 디자인

주식회사 예문 파이낸스

〈기타 제휴 회사〉
(주)리스크매니지먼트 헤문 / IR메디컬(주)

! 자격이나 출신 대학 등 고유명사를 제시할 수 있는 부분은 숫자와 함께 기입한다

2장_ 순식간에 OK를 이끌어내라

명하는 자료의 제출 여부에 따라 결론이 달라질 수 있다. '경력 3년 이상의 출판 편집자 모집'에 지원한다면 과거 근무 경력, 실제 작업한 작품 및 성과물 등을 최대한 빠짐없이 적어 넣는다. 본인의 실적을 증명할 수 있는 자료도 함께 제출하면 금상첨화다. 영어를 내세워 일을 따내고자 할 때는 TOEIC·TOEFL 시험 점수는 물론 취득한 자격증, 유학 경험 등에 대한 증명서가 첨부되어야 한다. 이런 것들은 곧바로 당신에 대한 신용도로 이어진다.

최고 정예부대를 전면에 내세워라

내가 신입사원 시절에 참여한 한 대형 프로젝트 입찰에서는 담당예정 직원의 이력서와 고용보험번호까지 제출한 적도 있다. 서류상에서만 존재하는 자문위원, 비상임고문 등 정규직이 아닌 직원을 리스트에 넣지 않게 하려는 의도였다. 조건이 까다로워 놀라기는 했지만 이렇게 까다로운 조건을 모두 충족시키고 프로젝트를 따낸 회사도 있다는 사실에 주목해야 한다.

만약 직원들의 이력서를 제출하라는 요청을 받았다면 외부에 어필할 수 있는 요소를 갖춘 직원들을 전면에 내세우는 것도 전략이다. 이때는 대학원 졸업, 명문대학 졸업, 유학경력, 수상경력, 난이도가 높은 자격증 보유 등이 척도가 된다. 나중 일은 나중에 생각하자. 내 경험에 비추어보면 나중에 담당자를 바꾸겠다고 해도 흔쾌히 응해주는 회사가 대부분이다. 일단은 서류 심사를 통과하는 것이 발등에 떨어진 불이다. 특히 경쟁자가 많다면 최고 정예부대를 전면에 대세워 프로젝트를 따내는 것이 급선무다.

내가 아는 한 경영자는 명문대 출신임에도 프로필에 한 번도 그 점을 언급하지 않다가 '기왕이면 세일즈 포인트로 활용하라'는 지인의 권유로 프로필 등에 적극적으로 출신대학을 기입하기 시작했다. 자신의 세일즈 포인트를 스스로 인식하지 못하고 있을 수도 있으니 평소에 주변의 지인, 동료, 가족들에게 물어보고 파악해두도록 하자.

● 개인의 프로필을 요령껏 전달한다

개인 특기 기재 사례

- **영어 능력**
  캘리포니아 주 ○○대학 2년 유학. 졸업 후 한국 기업에서 근무. 아르바이트로 관광 가이드 경력도 있으며 일상회화에는 지장이 없습니다.

- **컴퓨터 능력**
  영업부 어시스턴트로서 판매 실적 집계 및 도표화를 담당했으며, 문서 작성 업무를 진행했습니다.

- **건축 실적**
  측량에서 설계, 내장까지 직원 120명이 전체 수주량의 80% 이상을 소화하며 고객에게서 두터운 신망을 얻고 있습니다.

 설명을 자세히 읽지 않으면 정확한 수준을 파악하기 어렵다

프로필 소개 사례

세미나 강사 후보

낸시 더피

미국대학 졸업, 금융계·언론업계에 종사한 뒤 한국으로 건너옴.
한미 금융 현황에 능통하고 대학에서도 교편을 잡았으며 TV 경제 프로그램 게스트로 출연중.
한국 거주 10년. 아로마테라피 테라피스트로 활약중.

 실명이 들어가 있지 않아 추상적이다

개인 특기 기재 사례

- **영어 능력**
  TOEIC 720점

- **컴퓨터 능력**
  MOS 취득 (Excel, Word)

- **건축 실적**
  한 동에 100채 이상 아파트 수주 20개동 (2006~2008년도)

 길게 설명하지 않아도 자격증 이름이나 실적만으로 이해할 수 있다

프로필 소개 사례

세미나 강사 후보

낸시 더피

콜롬비아대학 대학원 졸업
뉴욕 주 공인회계사
콜롬비아대학 MBA 졸업
〈월스트리트저널〉〈블룸버그통신〉 기자를 거쳐 현재 한국대학 경제학부 객원 연구원으로 활동.
경제TV '길거리경제' 프로그램 (수요일 23시~) 고정 게스트.

 직함이나 자격 등은 항목별로 일목요연하게! 얼굴사진을 넣으면 한층 이미지가 명확해진다

2장_ 순식간에 OK를 이끌어내라 67

Point Check
프레젠테이션 차별화 전략 2

주변에 좋은 샘플이 없으면
책이나 인터넷을 참고하라

학생이나 신입 사원들은 '프레젠테이션 자료를 실제로 본 적이 없다' '따라할 만한 선배가 없다'며 한숨을 내쉰다. 현실이 정 그렇다면 책이나 잡지를 참고하라. 서점이나 도서관에는 '프레젠테이션'이라는 단어가 들어가 있는 책이 수두룩하다. 내용을 대강 훑어보는 것만으로도 이미지를 떠올리기가 훨씬 쉬워진다.

최근에는 인터넷에 프레젠테이션 자료를 공개하는 기업이나 단체도 많으니 그런 자료를 참고하는 것도 좋다. 구글 등 검색 사이트에서 '프레젠테이션'이라는 단어를 치면 수백 수만 건의 검색 결과가 나온다. 'PDF'라는 단어를 추가로 넣어 검색하면 PDF파일로 된 프레젠테이션 자료가 수백 장 뜬다.

공개된 자료는 마음껏 볼 수 있는 데다 내 컴퓨터에 저장할 수도 있다. 대기업 사이트를 돌아보며 해당 회사의 프레젠테이션 스타일을 알아보는 것도 좋은 공부가 된다.

훌륭한 샘플을 발견했다면 보는 것에서 그치지 말고 도표나 레이아웃을 직접 그려보도록 하자. '투명한 네모는 어떻게 그린 거지?' '이 표는 어떻게 만들면 될까?' 궁리하고 생각하는 사이에 절로 그 방법을 터득하게 된다. 당장 써먹을 일이 없더라도 따라하고 연습하다보면 어느 새 나만의 노하우가 되어 있음을 알게 될 것이다.

상사에게 칭찬받는 프레젠테이션 기술

당신의 업무가 상사에게 인정받지 못한다면 그 이유는 의외로 단순할 수 있다.
보고하는 방식이 상사에게 맞지 않는 것이다.
상사의 스타일이 시각형인지 청각형인지 알아내어 효과적인 방식으로 보고해야 한다.
상사가 시각형 스타일이라면 화려한 차트나 그래프로 표시한 정보에 깊은 인상을 받는다.

- 신시아 샤피로 《회사가 당신에게 알려주지 않는 50가지 비밀》 중에서

PART 03

입사 3년차의 프레젠테이션
P R E S E N T A T I O N

펼쳐보고 싶게 만들어라

A4 사이즈로 통일하라

▌방향이 다른 자료는 어떻게 묶을까

프레젠테이션 자료는 분량과 상관없이 같은 사이즈로 통일해서 제출해야 한다. '무슨 당연한 소리를!' 이라고 할지 모르지만 예상 외로 이 원칙을 지키지 않는 사람이 많다. 프레젠테이션 자료는 A4사이즈로 통일해야 한다. 중간중간 B4 및 A3가 섞여있어 불쑥 튀어나오지 않도록 주의해야 한다.

예를 들어, 건축 설계도면을 다른 자료와 함께 작은 사이즈로 제본하는 경우가 있다. 이런 특수한 사례를 제하고는 접은 종이는 기본적으로 금물이다.

간혹 A4에 A3 사이즈를 접어 끼운 자료를 보게 되는데 '이 페이지는 크게 보는 것이 나을 테니 한두 장 정도는 괜찮겠지' 하고 쉽게 생각해서는 안 된다. 받은 사람이 복사를 할 때 접힌 종이가 한두 장 들어있으면 연속 복사를 못하는 문제가 생긴다. A4 사이즈 자료 10장 중에 6페이지가 A3 사이즈라면 먼저 1~5페이지와 7~10페이지를 연속 복사한 뒤 6페이지만 따로 복사해서 중간에 끼워 넣는 번거로움을 감수해야 한다.

이렇게 크기를 통일하지 않은 자료는 민폐 아닌 민폐가 된다. 도면이나 지도처럼 꼭 큰 사이즈로 보여주고 싶은 자료가 있다면 패널로 만들거나 따로 배포하도록 한다.

사이즈 통일 못지않게 중요한 것이 세팅 방향이다. 세로로 정렬된 자료와 가로로 정렬된 자류를 섞어 제출할 때는 가로 자료를 왼쪽으로 90도 돌려 용지를 같은 방향으로 모은 뒤에 왼쪽 위를 스테이플러나 클립으로 고정시킨다. 방향을 바꾸어가며 읽는 수고를 덜어주는 작은 배려라고 할 수 있다.

● 세로 설정의 자료와 가로 설정의 자료를 묶는 방법

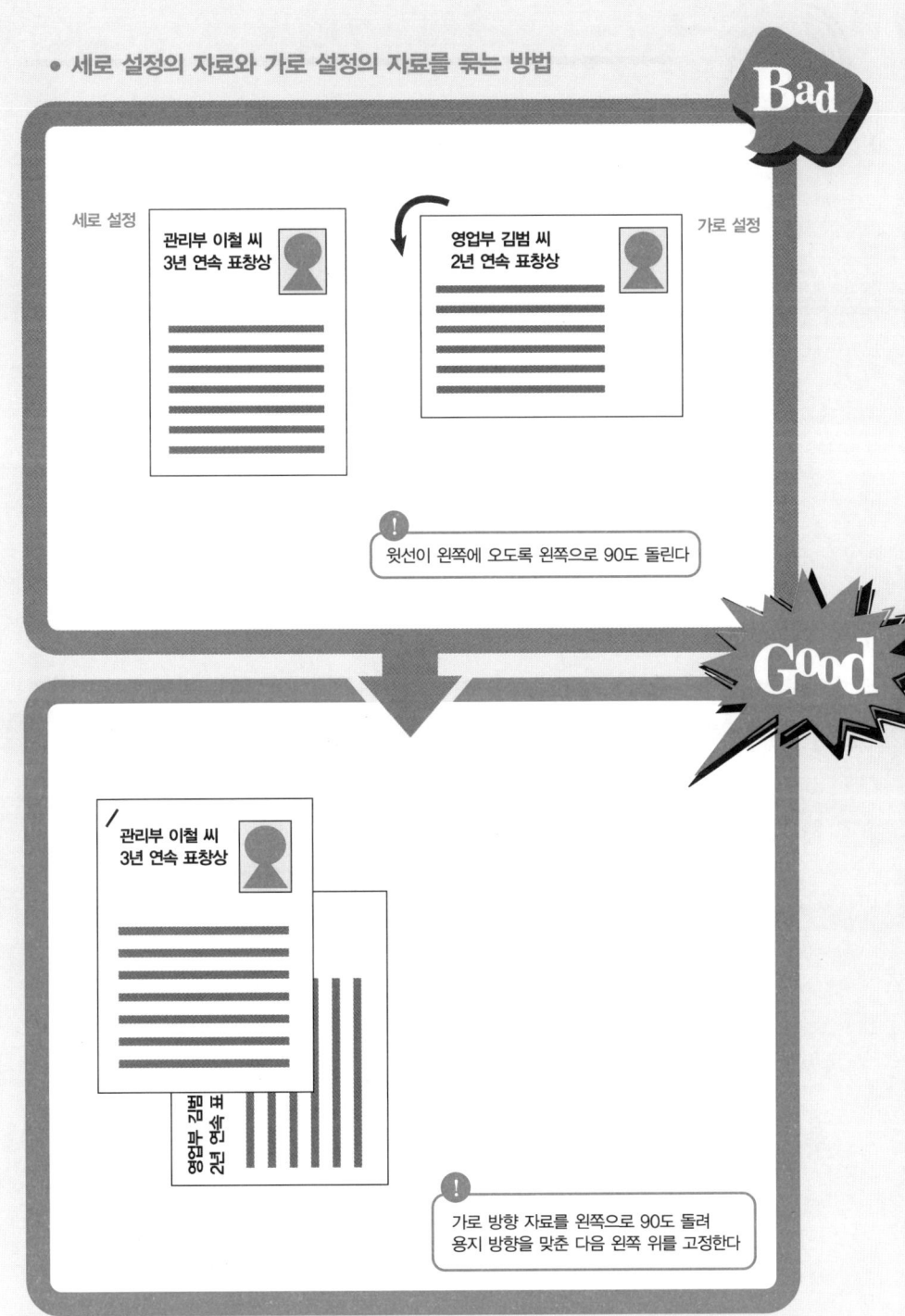

*2 분량
자료는 가능한 한 압축해라

▌자료가 많아야 한다는 강박관념에서 벗어나라

한 지인에게서 "파워포인트로 프레젠테이션 자료를 작성하고 있는데, 이제 겨우 30페이지 완성했어요. 상사에게 보고했더니 할당 시간이 60분이니까 1분에 1페이지씩 적어도 60페이지는 준비하라는 거예요. 정말 그렇게 많은 자료가 필요할까요?"하는 볼멘소리를 들은 적이 있다. 1분에 1페이지니까 60페이지? 도대체 그런 기준은 어디서 나온 걸까?

종이 60장을 한번 손에 쥐어보라. 그 두께에 놀랄 것이다. 너무 두꺼워서 스테이플러나 클립으로 고정시킬 수도 없거니와 60개나 되는 화면을 보고 나면 과연 사람들의 머릿속에 남는 게 있을까 의문이다.

프레젠테이션을 듣는 이들은 바쁜 사람들이다. 그런 사람들을 모아놓고 60페이지나 되는 내용을 줄줄 읊어대다가는 오히려 역효과가 날 공산이 크다. 프레젠테이션 자료는 기본적으로 10페이지를 넘기지 말자. 10페이지 정도면 TV CF 분량 정도밖에 안 되니 휙휙 넘겨볼 수 있다.

한 광고회사의 마케팅 담당자가 이 말을 듣더니 "네?! 10페이지라고요? 도저히 불가능해요. '시장조사 데이터' 만 해도 보통 5페이지가 넘는 걸요. 적어도 25페이지는 필요해요!"라고 했다.

시장조사 데이터 같은 '서론'은 절대적으로 필요한 항목이 아니다. 분량도 본인(우리 회사)의 고정관념일 뿐이다. 회사의 관행보다는 전략이 중요하다. 말하고자 하는 내용이나 요점을 넣되 필요한 것만 최소한으로 압축하는 스킬이 필요하다. 제안하는 입장에서는 자료가 많아야 열심히 일한 것처럼 보인다는

● **프레젠테이션 자료는 얇고 간략하게**

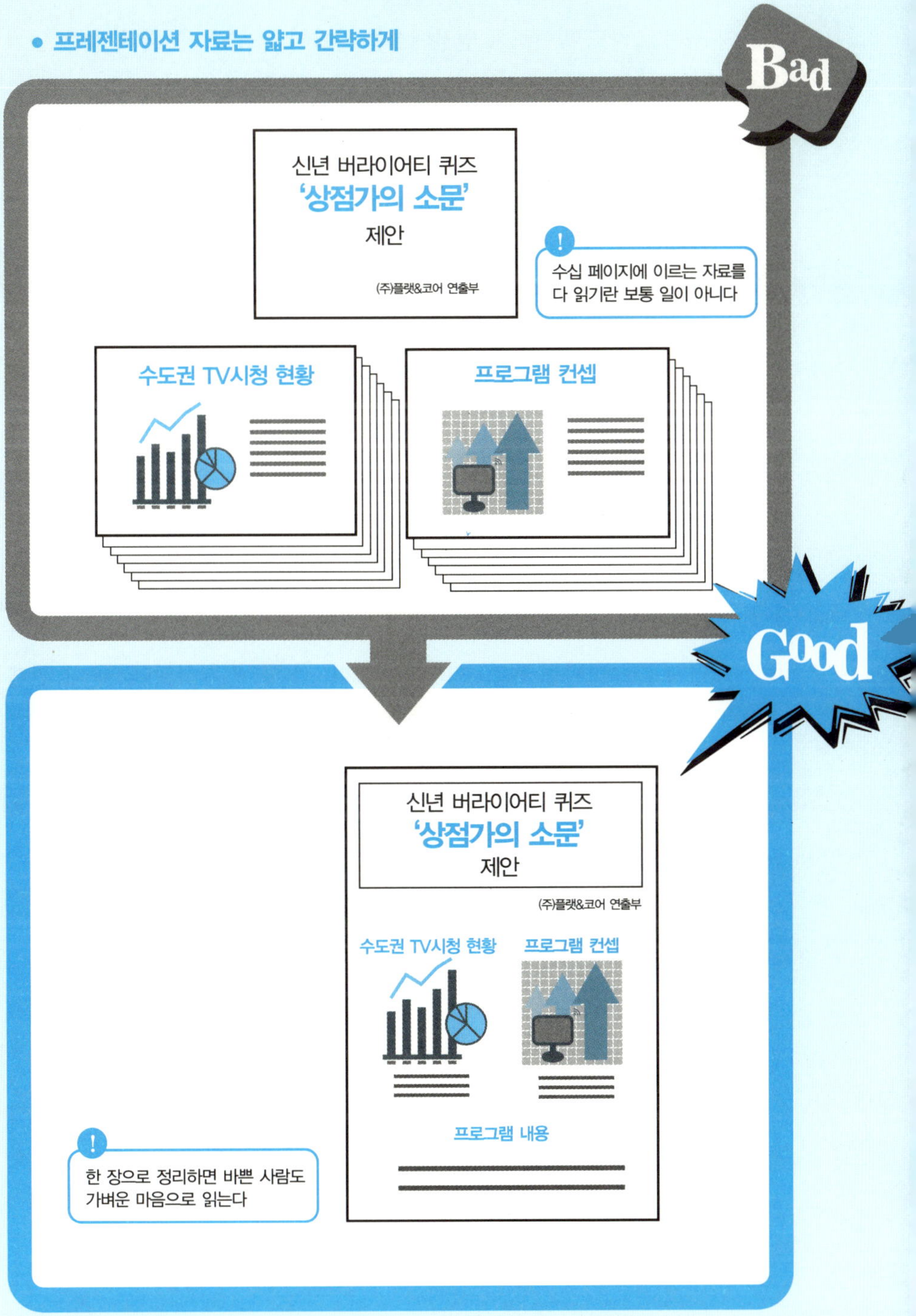

Bad

신년 버라이어티 퀴즈
'상점가의 소문'
제안

(주)플랫&코어 연출부

수도권 TV시청 현황

프로그램 컨셉

! 수십 페이지에 이르는 자료를 다 읽기란 보통 일이 아니다

Good

신년 버라이어티 퀴즈
'상점가의 소문'
제안

(주)플랫&코어 연출부

수도권 TV시청 현황

프로그램 컨셉

프로그램 내용

! 한 장으로 정리하면 바쁜 사람도 가벼운 마음으로 읽는다

3장_ 펼쳐보고 싶게 만들어라

생각이 들지 몰라도 받아보는 입장에서는 분량이 적으면 적을수록 술술 읽혀 좋은 법이다.

최고의 기획서는 한 장짜리 기획서

방송국 프로듀서에게 들으니 사내에서 프로그램 기획을 공모하면 500건 정도는 순식간이라고 한다. 외부 공모도 수천 건에서 수만 건을 넘기는 경우가 많다. 모인 안건은 전체 부서 담당자가 모여 검토하는데 기획서 500건을 읽는 것이 보통 일이 아니다. 몇날며칠을 읽고 또 읽어도 끝이 나지 않는다. 나중에는 의식이 몽롱해지고 글도 눈에 안 들어온다. "페이지수도 적고 문자수도 적은 안건이 그리 고마울 수가 없어요. 한 장짜리가 최고죠!"라는 그의 말이 인상적이었다.

TV 오락 프로그램으로 채택된 기획서 두 건을 볼 기회가 있었다. 하나는 가로 '4페이지', 또 하나는 세로 '1페이지'짜리 짤막한 기획서였다. 둘 다 현재(2008년 5월 시점) 인기리에 방영되는 프로그램이다. 유명 탤런트를 내세운 회당 몇 천만 엔짜리 기획이었지만 기획서는 단 한 장이었다. 그래도 내용이 좋아 만장일치로 채택되었다. 몇십 페이지짜리 기획서를 제출하는 것은 '안 읽으셔도 좋습니다' 라는 메시지나 다름없다.

응모건수가 많을 것 같은 공모전일수록 기획서는 짧은 것이 좋다. 종이 한 장에도 전해야 할 핵심내용은 충분히 넣을 수 있다. 상대방이 관심을 보이느냐 아니냐가 중요하다. 상대방이 관심을 보이면 직접 설명할 기회를 얻을 수 있다. 30분이 걸리든 1시간이 걸리든 자세한 내용은 그때 설명하면 된다.

종이 한 장에 요약하기 위해 삭제해야 할 내용은 무엇이고 제목은 어떻게 정할 것인가를 고민하는 과정이 '이 사람(회사)은 사안을 정리해서 간략하게 전달하는 능력이 있다' 는 높은 평가로 연결된다.

• 분량을 줄이는 효율적인 방법

1. 읽는 사람 입장에서 생각해본다

한 사람이
30페이지짜리
기획서 제출

×

다수 응모
(때로는 경쟁상대가
몇 만 명인 경우도 있다)

=

방대한 자료

! 산더미 같은 자료 속에서는 분량이 적은 기획서가 눈에 띈다

2. 분량을 줄인다

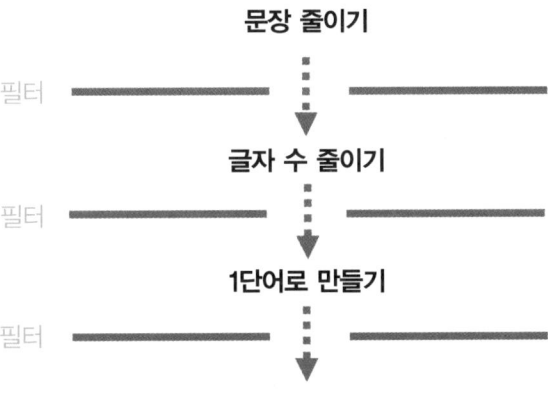

문장 줄이기

필터

글자 수 줄이기

필터

1단어로 만들기

필터

도해로 만들기

! 세 번 걸러 내용을 줄인 후에 자료를 만든다

3장_ 펼쳐보고 싶게 만들어라

표지만 보고도 알 수 있게 하라

속을 보지 않아도 판단이 서는 표지

표지만 봐도 '합격' '채용'을 예견하게 되는 자료가 있는 반면 이도 저도 아닌 어중간한 것도 있다. 수신자명을 제목보다 크게 적어 정작 제목이 눈에 띄지 않는 기인한 자료를 본 적도 있다. 수신자명은 비즈니스 문서에서처럼 좌측 상단에 작게 넣으면 그것으로 충분하다.

제목에 대해서는 제2장에 설명했으나 몇 가지 보충하고 넘어가자. 'ㅇㅇ마을 활성화 프로젝트 기획서' '2010년도 웹사이트 리뉴얼 제안서'라는 제목에 보이는 '기획서' '제안서'라는 말은 어디까지나 제안자 측에서 부르는 호칭이다. 수신자 기준으로 '~제안' '안내'가 올바른 제목이다.

제목을 붙일 때는 카피 문구를 덧붙이면 효과적이다. "'비용 부담이 전혀 없는' ㅇㅇ마을 활성화 제안" "'관리하는 번거로움이 전혀 없는' 블로그 형식 웹사이트 소개" 같은 식이다. 한 줄에 다 적는 것이 빡빡하면 두 줄로 나누어 적어도 상관없다. 제안자의 이름이 빠져 있는 경우도 의외로 많으니 주의해야 한다. 기획안이 마음에 들었는데 누가 제출한 건지도 모르면 어떻게 되겠는가! 이름과 소속 회사는 반드시 넣도록 하자.

이밖에 중요한 요소로 제출 일자가 있다. 컴퓨터의 자동 날짜 삽입 기능이 잘못 되어 있는지는 않은지, 기존 자료를 수정하면서 날짜는 그대로 두지 않았는지도 세심한 주의가 필요한 부분이다.

디자인을 망치는 정도가 아니라면 기업 로고나 자료 내용을 이미지할 수 있는 일러스트나 사진을 활용하는 것도 좋다.

● 잘못된 표지는 이렇게 바꾼다

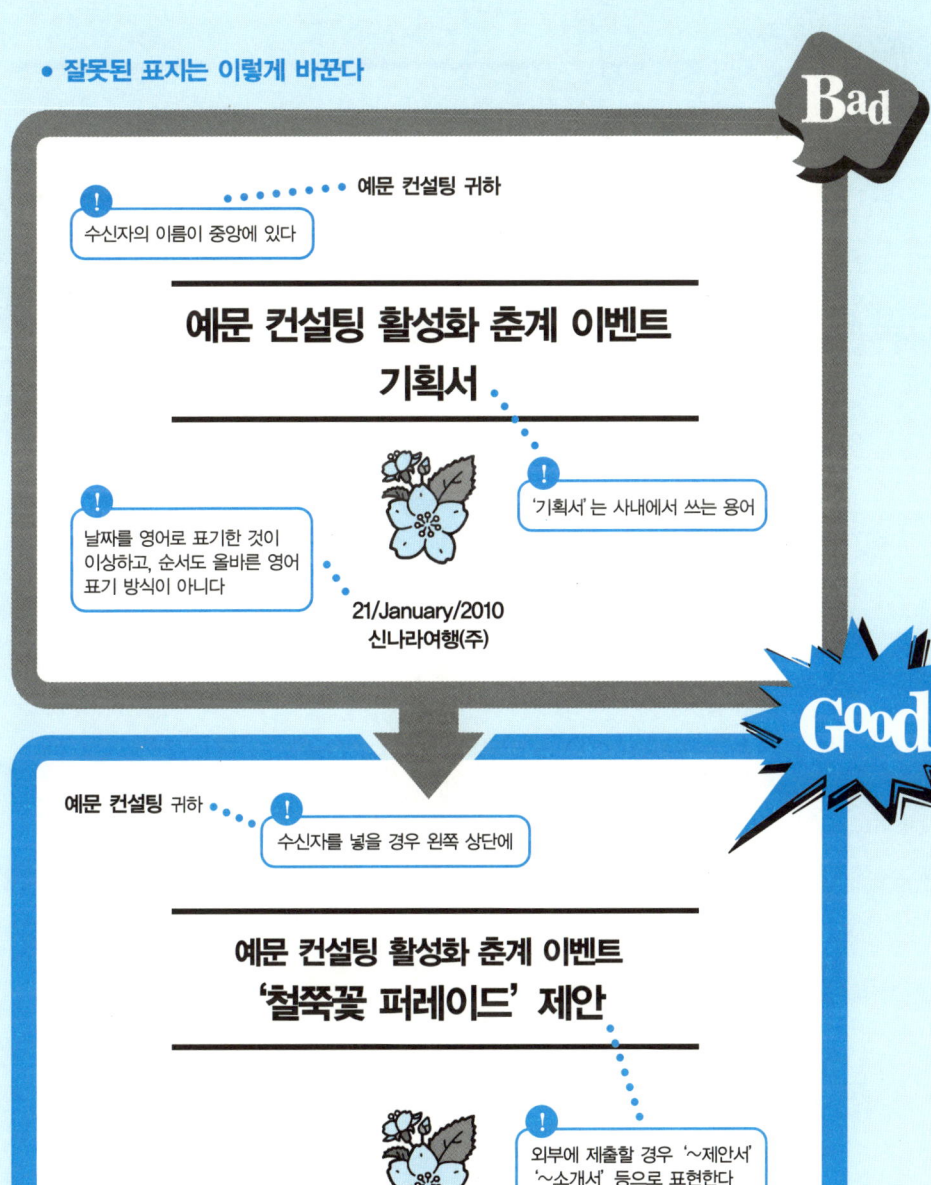

목차 삽입만으로 내용이 정리된다

목차를 넣어 포인트를 정리하라

아무리 '분량을 최소한으로 줄여라' 라고 했지만 주최 측이 제시한 조건을 충족시키다보면 어쩔 수 없이 수십 장에 달하는 경우가 있다. 이럴 때는 목차를 유용하게 활용해야 한다. 실제로 목차가 달린 프레젠테이션 자료는 상당히 보기 드물다. 그러나 분량이 많다면 책이나 잡지처럼 목차를 달아야 한다.

분량이 많아도 목차에 '1. 기업 개요 2. 시장 동향 3. 실시 세부 사항' 이라는 전체 구성이 나와 있으면 '이 세 가지 내용이 앞으로 나오는구나' 하는 마음의 준비를 하고 자료를 읽거나 설명을 듣는다. 즉, '보다' 에서 '읽다' 로, '듣는다' 에서 '경청한다' 로 뇌의 스위치가 전환되는 것이다.

자료를 여러 권 제출할 때도 마찬가지로 목차를 대신해서 내용 일람을 한 장으로 정리해서 첨부한다.

'송부 자료 일람' 이나 '제출 자료 일람' 이라는 식의 제목을 붙이고 '1. 지원서 2. 직무 이력서 3. 작품집 4. 작품 비디오 클립' 과 같이 각 항목을 열거한다. 물론 이름과 소속을 빠뜨려서는 안 된다.

목차와 일람 작성 요령은 항목 작성과 같다. 워드 프로그램에서 목차 자동 작성 기능을 활용하는 것도 좋다.

중간 표지를 활용하라

목차 이상으로 중요하지만 그만큼 신경을 잘 쓰지 못하는 부분이 바로 중간

● 목차나 중간 표지를 활용하여 업그레이드!

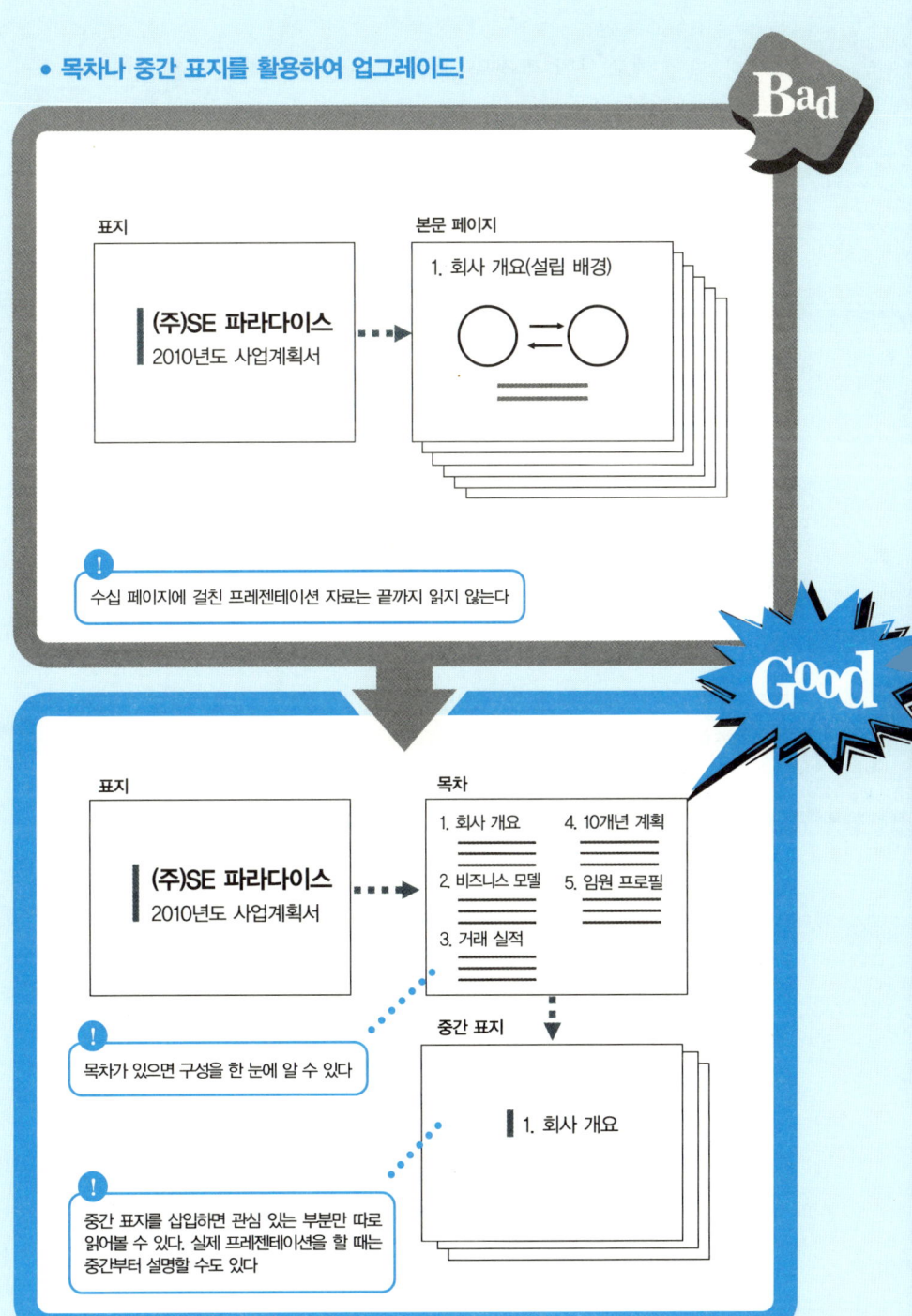

표지다. 책을 예로 들면 각 장의 제목이 들어가는 여백이 많은 페이지를 가리킨다.

보통 중간 표지는 크게 나눈 장이나 항목이 바뀌는 곳에 끼워 넣는다. 앞서 말한 사례에서는 '1. 기업 개요' '2. 시장 동향' 이라는 제목이 들어가 있는 페이지를 말한다. 페이지 수만 늘어나고 별 효용이 없어 보이지만 한 템포 쉬면서 읽는 이의 머릿속을 정리해주는 매우 큰 역할을 한다. 자료의 페이지수가 많을수록 효과가 크다.

한 장(chapter)이 끝날 때마다 종이 재질이나 색상을 바꾸는 것도 좋다. 1.은 빨강색, 2.는 초록색, 3.은 파랑색을 테마컬러로 전개한다면 중간 표지부터 색상을 통일해 읽는 이에게 '화제가 바뀐다' 는 사실을 알릴 수 있다. 이미지 사진이나 일러스트로 레이아웃을 통일하는 것도 좋다.

중간 표지는 슬라이드 화면을 스크린에 투영하며 설명할 때도 효과적이다. 화면이 중간 표지로 바뀌면 발표자도 호흡을 가다듬고 다음 항목으로 넘어가기가 훨씬 수월하다.

파워포인트에는 표지 페이지(타이틀 마스터)를 작성하는 기능은 있지만 중간 표지 작성 기능은 없으니 직접 만들어야 한다.

- **'제출 서류 일람'을 첨부한다**

제출 서류가 많을 경우

지원서
작품집
논문
직무 이력서
작품 비디오 클립

❗ 많은 자료가 봉투에 불규칙하게 들어 있으면 상대방이 확인하기 어렵다

일람 시트를 첨부한다

제출 서류 일람
김민기

1. 지원서
2. 직무 이력서
3. 논문
4. 작품집
5. 작품 비디오 클립

논문
직무 이력서
지원서

작품집

작품 비디오 클립

❗ 다양한 종류의 자료를 제출할 경우 내용 일람을 작성해 첨부한다

페이지마다 번호를 다는 것은 기본이다

상대방을 배려하는 작은 행동

'놈브르'란 출판이나 인쇄업계에서 많이 사용되는 용어로 페이지 번호를 뜻한다(불어 nombre로, 영어의 number라는 뜻). 그런데 페이지 번호가 없는 자료가 의외로 많다.

나는 자료를 받으면 제일 먼저 마지막 페이지를 확인한다. '34'가 써 있으면 '34페이지짜리 자료구나' 하며 전체 분량을 파악한 뒤 슬렁슬렁 넘기든 꼼꼼히 읽어보든 한다. 페이지 번호가 없으면 전체분량을 감으로 확인해야 한다. 읽기 전에 총 분량이 얼마나 되는지(페이지 수)를 확실하게 알리는 것도 상대방에 대한 배려다.

누군가에게 제출한 프레젠테이션 자료는 나의 손을 떠나 홀로 걸어 다니기 시작한다. 관계자들이 모여 회의를 할 때 자료를 복사하면서 직원이 실수로 바닥에 떨어뜨리기라도 했을 때 페이지 번호가 없다면 원상 복구가 얼마나 어렵겠는가?

본인에게도 유용한 페이지 번호

실제로 관계자들 앞에서 프레젠테이션을 하게 되는 경우에도 페이지 번호는 굉장히 유용하다. 한참 뒤를 먼저 보고 있던 사람은 "한 장 뒤로 넘기시면……"이라는 말을 듣고 어느 페이지를 펼쳐야 할지 모른다. 그러나 페이지 번호가 있으면 "8페이지를 보시기 바랍니다. 7페이지 내용을 좀 더 구체적으

• 페이지 번호는 자료의 소재지를 나타내는 '번지'

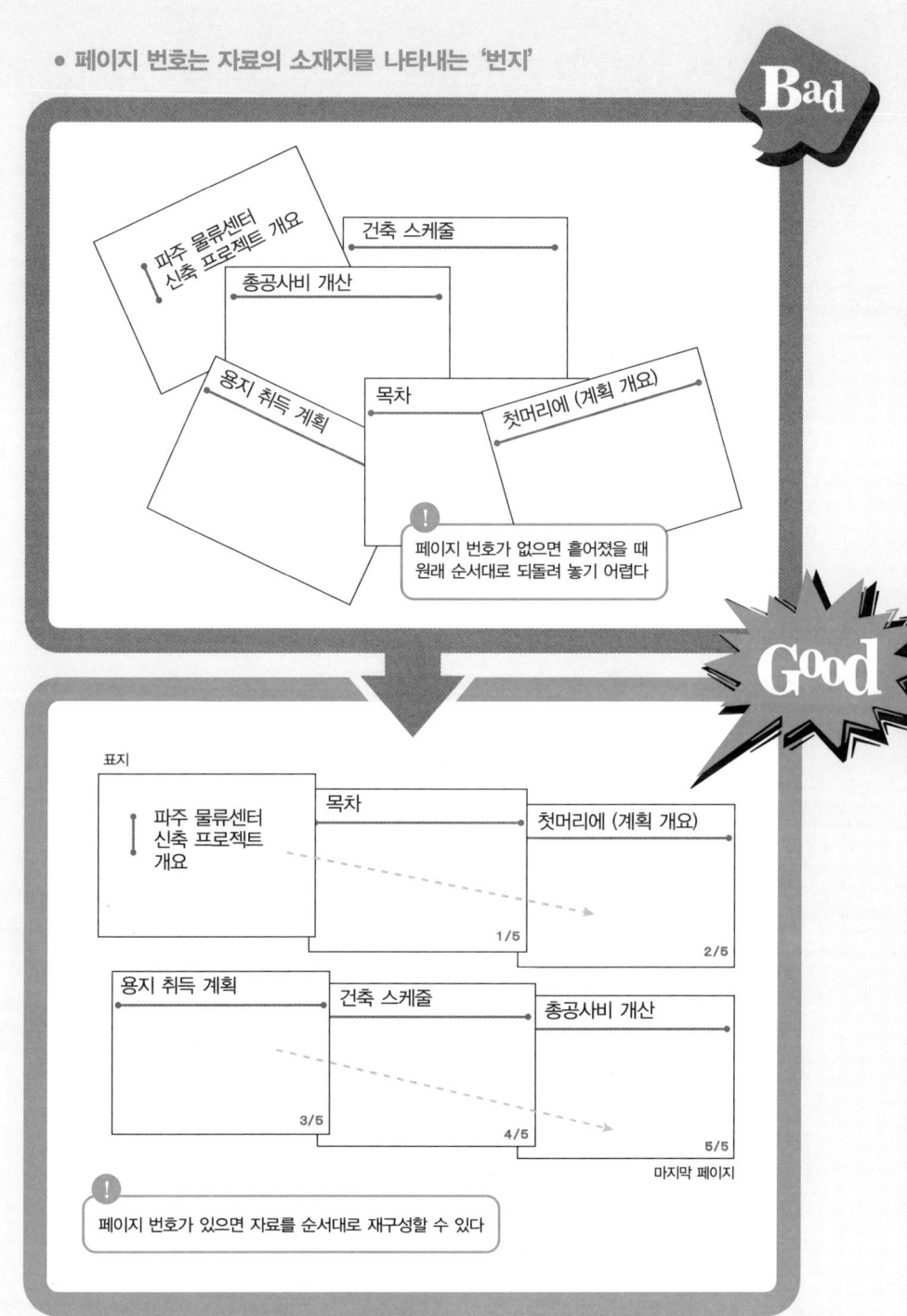

로……"라는 식으로 이야기를 전개할 수 있다.

　자료 작성 단계에서도 페이지 번호가 있으면 '10페이지가 넘네. 조금 줄여 요약해야겠구나.' 혹은 '5페이지와 1페이지 내용이 겹치네? 균형이 안 맞겠군.' 하는 식으로 구성상의 개선점을 발견할 수도 있다.

　서적이나 잡지에는 페이지를 펼쳤을 때 좌우측 아래쪽에 번호가 들어가는 것이 보통이지만 프레젠테이션 자료는 아래쪽 중앙이나 우측에 넣으면 된다. 전문 디자이너가 디자인한 특별한 자료라면 모를까 위쪽이나 옆쪽에 번호가 들어갈 일은 극히 드물다. 아래쪽 좌측은 철했을 때 가려질 우려가 있기 때문에 피하는 것이 좋다. 전체분량 중 현재 위치를 알리기 위해 '3/22'(전체 22페이지 중 3페이지째) 하는 식의 표시 방법도 있다.

　단, 표지에는 페이지 번호를 생략한다. MS워드에서는 '삽입' 메뉴에서 '페이지 번호'를 선택하고 '첫 페이지에 페이지 번호 표지' 항목을 체크하지 않으면 된다. 아래한글의 경우, 표지 페이지로 커서를 옮겨놓은 후 '모양' 메뉴에서 '감추기' 선택, '쪽번호' 항목을 누르면 된다.

　'페이지 번호' 기능을 사용하면 자동으로 숫자가 입력되지만 그 밖의 글자나 기호를 수동으로 입력할 수도 있다. '1,2,3…' 앞에 'p.'를 입력해서 'p.1, p.2, p.3…'이나 뒤에 '페이지'를 입력해서 '1페이지, 2페이지, 3페이지'라고 표시한다.

　페이지 번호의 글꼴 또한 디자인의 일부가 된다. 자동 페이지 번호매기기 기능에는 글꼴, 크기, 색상 변경 기능도 있으니 이를 활용한다. 본문은 모두 고딕체로 해놓고 페이지 번호만 명조체가 되면 어색해지니 글꼴과 크기, 색상은 잘 고려해서 설정한다. 진정한 프로는 이런 작은 부분까지 놓치지 않는다.

● 페이지 번호를 삽입할 경우 올바른 사용법

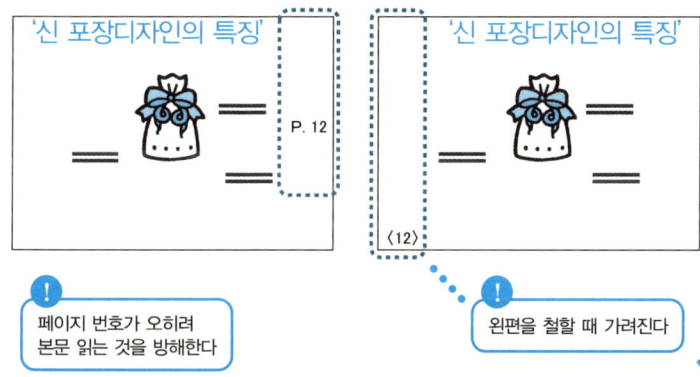

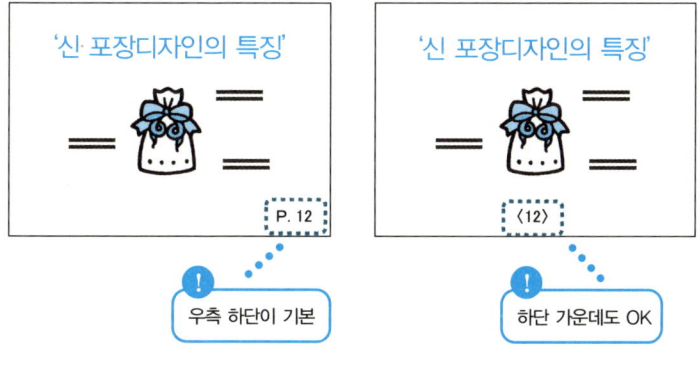

머리글을 활용하여 호소력을 높여라

머리글도 디자인의 일부다!

각종 자료의 윗공간을 '머리글', 아래공간을 '바닥글'이라 부르며 각각 본문과는 다른 영역으로 취급된다. 주로 날짜나 작성자명, 페이지 번호나 총 페이지 수 등을 표기하기 위한 공간이다.

이 공간에 설정한 정보는 새 페이지에도 모두 반영되는 것이 가장 큰 장점이다. 가령, 머리글이나 바닥글에 자신의 이름을 입력해놓으면 전체 페이지에 똑같이 이름이 표시된다. 읽는 이에게 반복해서 어필할 수 있어 표지에만 이름을 넣는 것보다 훨씬 효과적이다.

MS워드의 '삽입' 메뉴에서 '머리글/바닥글'을 선택하고 회사명, 각 장의 제목, 저작권표기 등 넣고 싶은 문장을 입력한다. 같은 '삽입' 메뉴의 '상용구' '머리글/바닥글' 기능을 사용하면 파일명, 페이지/총 페이지 수, 마지막 인쇄 날짜, 마지막 저장자, 작성일, 작성자, 대외비 등도 자동으로 입력할 수 있다. 엑셀에서는 한 파일 안에 시트별로 시트명이나 시간도 표시할 수 있고, 아래한글에서는 '모양' 메뉴에서 '머리말/꼬리말'을 선택하여 원하는 내용을 입력하면 된다.

같은 머리글이나 바닥글 안에 여러 글꼴이 섞여 있거나 본문과는 도무지 어울리지 않는 글꼴이 사용된 사례도 있는데 글꼴이나 크기, 색상은 얼마든지 변경이 가능하니 이 부분도 디자인의 일부라 생각하고 꼼꼼히 레이아웃하도록 한다.

• 머리글과 바닥글 활용으로 페이지 활용도를 높인다

Bad

5-2 재해 시의 역할 분담

```
         이건희 사장
         (총괄, 지휘)
    ┌────────┼────────┐
김기현 전무  박상수 상무  최기호 상무
(고객 대응) (직원 대응)  (사내 사무국)
```

일반 직원 연락망은 사내 인트라넷
'재해 매뉴얼'에 저장되어 있습니다

! 내용상 문제는 없으나 페이지의 활용도가 떨어진다(사용하지 않는 공간이 있다)

※임원 담당 업무는 대외비입니다

Good

5-2 재해 시의 역할 분담

! 제목을 멋지게 적어 넣어야 강렬한 인상을 남길 수 있다

! 로고나 글자는 물론 숫자나 도형도 넣을 수 있다

```
         이건희 사장
         (총괄, 지휘)
    ┌────────┼────────┐
김기현 전무  박상수 상무  최기호 상무
(고객 대응) (직원 대응)  (사내 사무국)
```

일반 직원 연락망은 사내 인트라넷 '재해 매뉴얼'에 보관되어 있습니다

총 '25페이지' 중에 '8페이지'라는 것을 나타낸다. 자동으로 설정해 놓으면 페이지 순서를 바꿔도 자동 계산해 표기된다

! 경고나 copyright 표기 등 페이지마다 표시하고 싶은 문구는 바닥글에 넣는다

대외비   8/25

3장_펼쳐보고 싶게 만들어라

회사 로고를 넣으면 효과 만점

머리글과 바닥글에는 일러스트나 사진도 붙여 넣을 수 있다. 특히, 기업로고나 마크를 삽입하면 효과 만점이다. 회사의 로고가 아닌 브랜드나 제품 로고도 좋다.

로고가 없다면 제안자의 이미지를 각인시킬 수 있는 디자인을 만들어서 넣는 것도 좋은 방법이다. 이니셜 두 글자를 포갠 정도 수준이면 손쉽게 디자인할 수 있지 않을까? 모든 페이지에 반복적으로 사용해서 제안자의 이미지를 적극적으로 어필하자.

머리글 공간은 페이지 제목으로 사용되는 경우가 많다. 그러므로 글꼴이나 크기, 색상에 신경을 써서 깔끔하게 레이아웃하는 것이 좋다. 이것이 곧 해당 페이지의 메인 디자인이 되기 때문이다.

파워포인트 템플릿을 만들 때도 문자 입력 공간 선을 긋거나 눈길을 끌만한 일러스트를 배치하는 경우가 많다. 기본설정을 확인한 뒤 나만의 머리글을 만들어보자.

파워포인트에서는 머리글 부분을 흔히 제목에 할당하는데, 워드나 엑셀에서는 이것이 유용하게 활용되지 못하고 죽은 공간이 될 때가 많다. 제목 밑에 선 하나만 그어도 본문과 공간이 구획되면서 페이지가 깔끔하게 정돈된다. 글자에 외곽선을 주고 굵은 컬러바에 제목을 넣으면(앞 페이지의 Good! 자료 참조) 꽤 강렬한 인상을 풍기는 디자인으로 탈바꿈한다.

● **머리글과 바닥글을 충분히 활용하라**

머리글 예

- 카피 문구 — 고객님의 사랑에 힘입어 30년
- 날짜 — 2009년 12월 23일
- 파일명 — 재해 매뉴얼 2.0

바닥글 예

- copyright 표기 — Copyright Yemun all rights reserved.
- 경고 — 무단 복사 엄금
- 작성자명 — 디자인팀 배윤희

*7 copyright 표기
자사의 권리보호와 브랜드화를 동시에

▎copyright은 왜 영어로 표기하는가

각종 자료나 웹사이트 하단을 보면 '2009 copyright 회사명 all rights reserved' 라는 식으로 copyright가 표기되어 있다. '이 제작물의 저작권은 이 회사에 있습니다' 라는 일종의 경고 문구다. TV 프로그램의 마지막에 '제작·저작 ○○○' 하며 뜨는 것과 같은 의미다.

아이디어 도용과 저작권 침해를 방지하는 것이 목적이다. 아이디어를 훔치려고 작정하면 얼마든지 하겠지만 저작권 표시라도 있으면 다소나마 양심의 가책을 느끼지 않겠는가? 자료가 다른 곳으로 유출되었을 때 제안자가 정당하게 상대방을 고소할 수 있는 구속력을 갖춘 것이 바로 이 copyright 표시다.

우리말로 '제작·저작' 이라 적어도 상관없다고 여길지 모르지만 이것만큼은 반드시 영어로 표기하자. 해외에서 표절하는 경우도 적지 않기 때문이다. 전 세계 사람들에게 공개되어 있는 웹사이트는 영어 표기가 기본이다.

종종 '©copyright 회사명' 하는 식의 표기를 보게 되는데 이는 잘못된 표현이다. © 자체가 copyright의 약식기호이므로 중복된 표현이다. 연도는 제작 연도를 표기하는 것이 보통인데 만약 기한이 있다면 '1999-2009' 과 같이 초기년도와 마지막년도를 넣는다. 인터넷 홈페이지에는 사이트 개설 날짜를 적기도 한다.

참고로, copyright는 'copy right' 라는 두 단어가 아니라 '저작권' 이라는 한 단어이며 광고 문구를 짜내는 카피라이터(copywriter)와는 스펠링이 다르므로 주의하자.

- **copyright 표기는 곧 신뢰 향상으로 이어진다**

Bad

학점교환 제도

 대학교명이 두 개 등장하여 어느 쪽이 작성한 자료인지 알 수 없다

- 한국대학: 이공학부를 중심으로 이과 교수진 탄탄
- 성공대학: 인문학부를 중심으로 문과 교수진 탄탄

■ 교양 과정 단위 학점교환의 이점 ■
이공계, 문과계 교수진이 상호 보완할 수 있습니다

Good

학점교환 제도

 copyright 삽입으로 작성자가 한국대학임을 알 수 있다

- 한국대학: 이공학부를 중심으로 이과 교수진 탄탄
- 성공대학: 인문학부를 중심으로 문과 교수진 탄탄

! 페이지마다 사내 기밀자료라는 점이 표시된다

■ 교양 과정 단위 학점교환의 이점 ■
이공계, 문과계 교수진이 상호 보완할 수 있습니다

■Confidential■ copyright 2009 HanKook Univ. all rights reserved.

copyright은 모든 페이지에 표기한다

copyright 표기를 가장 짧게 표현한다면 'ⓒ 연도 고유명사'다. 'ⓒ 2009 Yemun' 이것만으로 저작권이 보호된다. 법인을 넣을 때는 'Corporation' 'Co., Ltd.(Company Limited)' 등을 사용한다. 대문자, 소문자 구분과 기호 표기에 주의한다. copyright는 대개 바닥글에 들어가는데 본문의 서체와 동떨어진 글꼴이 되지 않는 것이 좋다. 크기는 작지만 눈에 띄어야 하므로 고딕계열의 굵은 서체가 무난하다.

스펠링이나 글자에 실수가 없도록 하고 회사는 고유명사이니 반드시 첫 글자는 대문자로 적는다. 개인도 마찬가지다. 'Ju Hyun, Lee'와 같이 첫 글자는 반드시 대문자로 적는다. 이런 소소한 부분이 그 회사의 수준을 알 수 있는 척도가 되니 세심한 주의가 필요하다.

copyright 표기는 표지는 물론이거니와 바닥글 기능을 이용하여 모든 페이지에 삽입한다. 각 페이지에 회사명이 나오므로 담당자에게 각인시키는 효과도 있다. copyright 표기는 곧 신뢰로 이어진다.

자료에 따라서는 외부 유출을 방지하기 위해 '대외비' '무단 복사 엄금' 등의 경고문을 삽입하는 경우도 많은데 이 경우에도 모든 페이지에 넣도록 한다. 영어로는 'Confidential'이라고 적으면 된다. 동그라미나 네모로 테두리를 그리거나 색깔을 넣는 식으로 눈에 띄게 적자.

• copyright 표기는 짧지만 신중하게

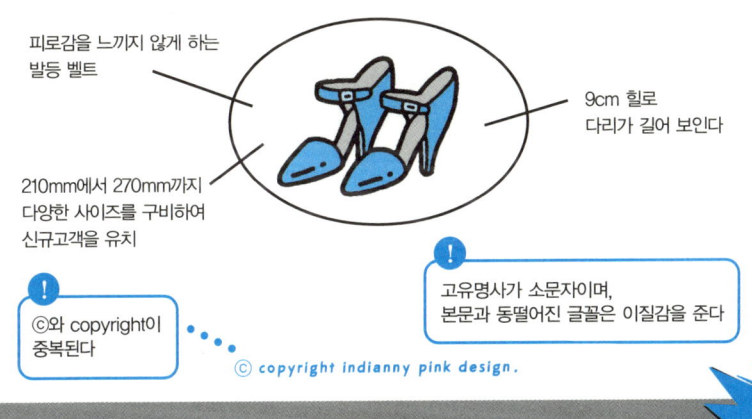

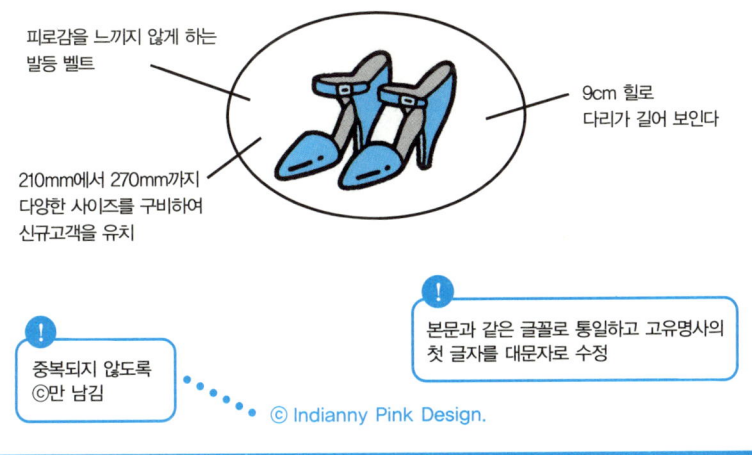

*8 포맷
평소에 사용하는 틀로 개성을 연출하라

이미지를 각인시키는 오리지널 포맷

프레젠테이션은 매우 다양한 비즈니스 현장에서 이루어진다. 이번 프로젝트는 1회성으로 끝나더라도 다른 프로젝트에서 또 비슷한 프레젠테이션을 하게 될 수도 있다. 개인이든 회사든 학교든 중요한 것은 '그 사람(회사)다운 특징'을 갖추는 일이다.

우리 회사 임직원이 제출한 자료는 누가 만들던 간에 우리 회사다운 특징이 드러나야 한다. 예를 들어 소니가 만든 자료는 기획팀의 베테랑이 작성한 것이든 신입사원이 작성한 것이든 누가 봐도 소니에서 나온 자료임을 알 수 있어야 한다. 그러려면 표준 포맷이 있어야 한다. 포맷은 일정한 모양이나 형식으로, 우리말로는 '서식', '양식'으로 표현할 수 있다. 가장 대표적인 것이 바로 회사로고나 마크다. 우리 회사의 로고가 들어간 자료를 다른 회사 자료로 잘못 알아볼 사람은 없다. 표지의 중앙부 하단, 본문에서는 우측 상단에 삽입하는 것이 보통이다. 페이지를 넘길 때마다 같은 위치에 같은 마크가 있는 것만으로도 이미지를 각인시킬 수 있다.

전체적으로 통일된 컬러를 사용하거나 제목, 표제, 본문에 쓰는 글꼴을 통일하는 것도 한 방법이다. 제목 위치, 회사명, 본문 위치도 늘 같은 형식을 취한다.

반드시 나(우리 회사)만의 오리지널 포맷을 갖추어 놓자.

일전에 외국계 기업에서 프레젠테이션 자료용 파워포인트 템플릿 작성을 의뢰받아 영어 버전의 대외용, 사내용과 일본어 버전의 대외용, 사내용으로 4

• 동일한 스타일로 이미지를 각인시킨다

Bad

김흥미

광고 카피안
그녀의 미소에
기운이 솟는다

기획 의도 : 이용하는 패스트푸드점에 예쁜 여직원이 있기만 해도 아침을 먹는 이유가 된다.

김흥미

그러고 보니 어제도 잔업

늦은 밤까지 식사를 하지 못했으니 아침을 먹어야 한다는 암시를 넣었습니다.

김흥미

기획 의도
싸고 다양한 메뉴로 구성된 커피 전문점 모닝 세트가 부럽다…….

광고 카피안
〈맥 모닝〉이 부럽다

! 포맷이 각각 따로 놀아 같은 인물이 제출한 자료라는 것을 알기 어렵다

Good

김흥미

광고 카피안
그러고 보니
어제도 잔업

기획 의도
늦은 밤까지 식사를 하지 못했으니 아침을 먹어야 한다는 암시를 넣었습니다.

김흥미

광고 카피안
그녀의 미소에
기운이 솟는다

기획 의도
이용하는 패스트푸드점에 예쁜 여직원이 있기만 해도 아침을 먹는 이유가 된다.

김흥미

광고 카피안
〈맥 모닝〉이 부럽다

기획 의도
싸고 다양한 메뉴로 구성된 커피 전문점 모닝 세트가 부럽다…….

! 특별한 제안이 없다면 컬러 용지를 사용하는 것도 좋다

 '이름' '제목' '카피 문구' 등을 같은 위치에 넣으면 같은 인물이 제출한 자료라는 것을 쉽게 알 수 있다

3장_ 펼쳐보고 싶게 만들어라

가지를 한꺼번에 만든 적이 있다. 표지에는 그래픽디자이너가 특별히 디자인한 이미지 일러스트를 넣고 로고나 copyright 표기, 날짜 등도 고정위치에 넣었다. 물론 제목, 표제, 본문별로 특정 글꼴만 사용했다. 포맷이 완성되자 그 회사에서는 사장이든 아르바이트생이든 직위와 부서를 불문하고 그 템플릿으로만 자료를 작성해야 한다는 규칙이 생겼다고 한다.

경쟁자를 따돌리는 오리지널 포맷

용지나 주변 도구를 활용해 개성을 연출하는 방법도 있다. 가장 손쉬운 방법은 용지의 컬러를 바꾸는 것이다. 인쇄나 복사를 할 때 컬러용지를 사용하면 쉽게 눈에 띈다. 오디션처럼 응모 건수가 몇만 건에 달할 것으로 예상될 때는 컬러 엽서를 사용하거나 흰 엽서라도 형광펜으로 엽서 둘레에 색을 입히면 주목을 받을 수 있다. 내 경험에 비춰보면, 수북이 쌓인 엽서 속에 그런 엽서가 섞여 있으면 나도 모르게 손을 뻗게 된다.

외부에 자료를 제출할 때는 명함 포켓이 달린 클리어파일을 이용하면 좋다. 이것은 내가 활용하는 방법이기도 한데 자료를 받아보시는 분이 '아마노 사장이 만든 자료구나'라고 알아보는 경우도 종종 있다.

나만의 오리지널 포맷은 횟수를 거듭할수록 빛을 발하니 꾸준히 연습하고 실천하자.

● 개성을 연출하는 두 가지 테크닉

1. 항상 같은 포맷을 유지

여성 고객을 위한
고객센터 개선 플랜

영업부 김 진

→

여성 고객을 위한
고객센터 개선 플랜

영업부 김 진

연말 캠페인 상품
에코백에 관한 제안

영업부 김 진

연말 캠페인 상품
에코백에 관한 제안

영업부 김 진

2009 신입 채용에 대비한
사내교육 제도를 위해

영업부 김 진

! 매번 같은 포맷으로 제출하면 상대방 머릿속에 인상을 남길 수 있다

2009년도
**신입 채용에 대비한
사내 교육 제도를 위해**

영업부 김 진

2. 나만의 오리지널 포맷을 만든다

! 디자인한 컬러 인쇄물을 시중에서 판매되는 일반 파일에 붙여 나만의 파일 작성

오리지널 파일

Mammy's PASTA

포켓형 클리어파일

명함

오리지널 파일

! 로고가 들어간 클리어파일을 제작해도 좋다

! 시중에서 판매되는 포켓형 클리어파일에 얼굴 사진을 삽입한 명함을 넣음

Point Check
프레젠테이션 차별화 전략 3

상대방의 기호를 공략하라

프레젠테이션 성공전략과 비법은 다양하게 널리 알려져 있지만, 늘 원하는 결과를 얻을 수 있는 것은 아니다.

최종 결정자가 모든 것을 좌지우지하는 경우도 종종 있다. 훌륭한 아이디어나 비용 절감보다 최종 결정권자의 기호나 의도가 중요한 경우도 많다는 말이다. 회사경영자가 노랑색을 유난히 좋아해서 노랑색을 많이 사용한 안건이 채택되었다거나, 우주에 관심이 많아 지구를 형상화한 디자인이 채택되었다는 말을 들은 적도 있다.

예전에 내가 근무하던 회사에서 TV CF 촬영을 위해 광고회사들을 상대로 입찰공고를 낸 적이 있는데 최종 선택된 기획은 촬영지가 뉴욕이었다. 입찰담당자가 늘 '뉴욕으로 출장 한번 가보고 싶다'고 노래를 부르더니 그 어떤 멋진 카피문구보다, 유명 탤런트보다 약발이 먹힌 것이었다.

그러므로 결정권자의 기호를 공략하는 방법은 꽤 유용한 수단이다. 요미우리 자이언츠의 열성팬을 상대로는 검정과 오렌지색을 기본 컬러로 사용한다든가, 철도 마니아를 상대로는 철도 사진이나 일러스트를 활용하는 식이다. 결정권자가 누구이며 그의 기호를 사전에 파악하는 일이 때로는 성공의 열쇠가 되기도 한다.

멘토를 찾아라

멘토가 존재하는 가장 중요한 목적은 역할 모델을 정립하는 데 있다.
자신의 좁은 한계를 벗어나 더 발전하게 해줄 사람을 만나기 전까지는 뭐가 가능한지 알기 어렵다.
멘토는 여러분의 에너지를 어디에 집중할지 선택하는 데 도움을 줄 수 있으며,
멘토는 배우는 과정에 체계를 세워준다.

− 차드 파울러 《사랑하지 않으면 떠나라!》 중에서

PART 04

입사 3년차의 프레젠테이션
P R E S E N T A T I O N

프레젠테이션 멘토에게서 배우는 편집 노하우

*1 글꼴
글씨가 깨지거나 글꼴이 섞이지 않도록

▎한글과 영어, 숫자의 글꼴을 통일한다

글자의 모양을 '글꼴'이라 부른다. 프레젠테이션 자료의 글꼴은 반드시 통일해서 써야 한다. 한 문장 속에 다양한 글꼴이 섞여 있으면 어수선한 인상을 풍기기 때문이다.

일례로 워드로 'USB 메모리는 8월 20일까지 ABC 문구점에서 구입해주십시오' 라고 아무 생각 없이 입력하면 'USB' '8' '20' 'ABC' 만 다른 글꼴이 된다.

손으로 쓰던 시절에는 없던 일들이 컴퓨터의 등장으로 많아졌다. 예를 들어 'ABC전자회사' 라는 회사의 경우, 이렇게 표기하면 'ABC' 의 글꼴만 달라서 이상하기도 하거니와 보는 이에게 들쭉날쭉한 인상을 준다.

MS워드나 엑셀 프로그램에서 '서식' 메뉴의 '글꼴' 항목을 보면 '한글 글꼴' 과 '영어 글꼴' 이 있는데 여기에서 기본 설정이 다르게 되어 있으면 이런 문제가 발생한다. 자료를 작성하기 전에 영어 글꼴과 한글 글꼴을 통일시킨다. 제목 등은 다른 글꼴로 설정한다.

이 책을 예로 들면, 본문은 명조체, 표제는 고딕체다. 얇고 붓글씨처럼 선이 굵고 가는 부분이 섞여 있는 글꼴이 '명조체', 굵고 선의 굵기가 일정한 글꼴이 '고딕체' 다. 보통은 이 두 가지가 기본 글꼴이 되며 굵기나 서체에 따라 'ㅇㅇ명조' 나 '△△고딕' 등등 수십 가지의 글꼴이 있다.

● 글꼴을 통일하여 페이지를 정돈한다

송유리의 성우 첫 도전!
애니메이션 영화 〈천국의 눈물〉에서 배용진과 공동 주연

제작 발표회 안내

다음과 같이 기자 회견을 개최합니다. 기자 여러분의 많은 관심 바랍니다.

- 다 음 -

일시 : 10월 27일 (수) 15:00~ (접수는 14:00~)
장소 : 호텔 크리스텔 '에메랄드 홀'
출연자 : 송유리, 배용진, 이하나 감독, 김구용, 이민기
협찬 : 카 샵 'Full Speed'

[문의]
(주)예문영화사 홍보부
담당 : 나예림
TEL (03)3845-678×
휴대전화 (090)8456-789×(나예림)
이메일 yemun@yemun.co.kr

! 한글 글꼴과 영문 글꼴이 달라 들쭉날쭉하다

12월 3일(토)~, 전국 TGV 상영관에서 개봉

송유리의 성우 첫 도전!
애니메이션 영화 〈천국의 눈물〉에서 배용진과 공동 주연

제작 발표회 안내

다음과 같이 기자 회견을 개최합니다. 기자 여러분의 많은 관심 바랍니다.

- 다 음 -

일시 : 10월 27일 (수) 15:00~ (접수는 14:00~)
장소 : 호텔 크리스텔 '에메랄드 홀'
출연자 : 송유리, 배용진, 이하나 감독, 김구용, 이민기
협찬 : 카 샵 '풀 스피드(Full Speed)'

! 글꼴을 명조체로 바꾸어 강약을 주었다

[문의]
(주)예문영화사 홍보부
담당 : 나예림
TEL (03)3845-678×
휴대전화 (090)8456-789×(나예림)
이메일 yemun@yemun.co.kr

! 글꼴을 통일하면 정돈되어 보인다

12월 3일(토)~, 전국 TGV 상영관에서 개봉

HY신명조와 맑은 고딕이 가장 무난

그렇다면 그중 어떤 글꼴을 골라야 할까? 워드나 엑셀 등 마이크로소프트 제품이라면 두말없이 'HY신명조'와 '맑은 고딕'을 추천한다.

마이크로소프트 윈도즈에 표준으로 깔려 있는 대표적인 한글 글꼴은 'HY견명조' 'HY신명조' 'HY견고딕' '맑은 고딕' 등이다.

그중 'HY견명조'와 'HY견고딕'은 폭이 균등해서 항상 일정 간격으로 입력된다. 글을 가지런히 맞추기에는 제격이지만 지루한 느낌을 준다는 단점이 있다. 한편 'HY신명조'와 '맑은 고딕'은 문자의 가로 폭에 맞추어 글 간격이 조정되며 프로페셔널 글꼴이라 불린다. 문자를 많이 입력하더라도 문자열이 고르게 입력되어 문장 전체가 정돈된 느낌을 준다.

참고로, 'HY'는 글꼴을 개발한 업체명의 약자다.

이 네 가지 외에도 컴퓨터에는 선이 굵고 눈에 띄는 글꼴, 귀엽고 앙증맞은 글꼴 등 다양한 서체가 들어있으니 적절하게 활용하는 스킬이 중요하다. 단, 데이터로 송부할 경우 서체가 깨지거나 이상한 기호로 바뀌어 판독하지 못할 우려도 있으니 주의하자.

나는 과거에 'ㅇㅇ고딕은 흔한 글꼴이니까 절대 깨지는 일은 없을 것'이라고 확신했던 자료가 깨진 경험을 한 뒤로 모든 자료를 'HY신명조'와 '맑은 고딕'으로 작성하고 있다.

• 글꼴을 압축하는 것도 기술

여러 가지 글꼴을 사용한 예

Bad

 6가지 서체를 사용

'아티스트 키즈' 사업 계획

1. 사업 내용 : 여성미용인 대상 놀이방 서비스

2. 대상층 : 육아 문제로 퇴직하고 재취직을 원하는 여성미용인

3. 시장 : 미용사는 만성적인 인력 부족에 시달리는 업종으로 스카우트 경쟁이 치열하며 **자격 보유자의 결혼ㆍ출산에 따른 퇴직이 문제**

4. 사업 목적 : 미용사는 가장 바쁜 주말과 휴일에 아이를 맡길 시설이 없다. 이 문제를 해결해 여성미용인의 자립을 지원

글꼴을 2종류로 압축한 예

Good

명조와 고딕, 두 가지만 사용해 크기와 컬러로 변화를 주었다

'아티스트 키즈' 사업 계획

1. **사업 내용**   여성미용인 대상 놀이방 서비스

2. **대상층**   육아 문제로 퇴직하고 재취직을 원하는 여성미용인

3. **시장**   미용사는 만성적인 인력 부족에 시달리는 업종으로 스카우트 경쟁이 치열하며 자격 보유자의 결혼ㆍ출산에 따른 퇴직이 문제

4. **사업 목적**   가장 바쁜 주말과 휴일에 아이를 맡길 시설이 없다. 이 문제를 해결해 여성미용인의 자립을 지원

*2 글자 크기
3가지 크기로 자료를 더 깔끔하게

사이즈는 대·중·소 3가지로 충분

문자의 사이즈가 지나치게 많으면 복잡해 보일 뿐만 아니라 제목이나 본문의 입체적인 느낌도 사라지니 주의해야 한다.

문자의 크기는 3가지로 충분하다. ①페이지 제목 ②본문 표제 ③본문 크기 정도만 달리 하면 설명하고 싶은 내용은 충분히 설명이 가능하다.

워드의 '서식' 메뉴에서 '스타일과 서식'을 활용하면 편리하다. '페이지 제목은 맑은 고딕, 굵은체, 빨강색, 32포인트' 하고 설정해놓으면 한꺼번에 변경할 수 있다.

TV 자막은 길어야 16자를 넘지 않는 것이 기본이다. 시각 정보를 받아들인 뒤에 2~3초 만에 이해할 수 있는 분량이 기준이다. 더 많은 문자를 나열하면 보는 사람이 벅차다. 프레젠테이션 자료도 이 기준에 근거해 제목을 1줄에 20자 미만으로 한다. 그리고 여기에 맞추어 글꼴 크기를 결정한다.

표제와 본문에 강약을 준다

페이지 제목, 표제, 본문의 톤이 모두 같은 사례도 흔하다. 한 페이지에 등장하는 글자가 모두 똑같은 글꼴, 똑같은 크기라 심심하기 그지없다. 표제 앞에 '·'을 붙이거나 밑줄만 긋는 것으로는 불충분하다. 이 책은 본문은 명조체이지만 본문 표제는 굵고 큼직한 고딕체를 썼다.

가끔 표제를 명조체, 본문을 고딕체로 입력하는 사람도 있는데 강약이 정반

• 글꼴 크기를 3가지로 줄여 한 눈에 쏙 들어오게

Bad

스타일링 웨딩 스페셜

뷰티샵

5월의 예비 신부 한정 특전 ①
뷰티샵 (목에서 가슴부분) 오일마사지, 60분×2회를 무료로 제공합니다.

스파

5월의 예비 신부 한정 특전 ②
모발 상담 결과에 따라 고객님께 맞는 두피마사지를 제안합니다.

! 32pt, 28pt, 24pt, 20pt, 16pt, 14pt의 6가지 사이즈가 혼재되어 있다

Good

스타일링 웨딩 스페셜

뷰티샵

5월의 예비 신부 한정 특전 ①
뷰티샵 (목에서 가슴부분) 오일마사지, 60분×2회를 무료로 제공합니다.

스파

5월의 예비 신부 한정 특전 ②
모발 상담 결과에 따라 고객님께 맞는 두피마사지를 제안합니다.

! 제목 28pt, 표제 18pt, 본문 14pt로 사이즈는 3가지! 글꼴 색을 바꾸어 강약 조절

대가 되어 어색하기 짝이 없다. 명조체보다는 고딕체가 굵고 강해 눈에 잘 띈다. 당연히 글자 수가 많은 본문에는 명조체, 강조하고 싶은 표제에는 고딕체가 적합하다.

표제 크기는 더 강조한다는 의미에서 본문보다 적어도 2포인트 이상 크게 지정하는 것이 좋다.

그밖에도 굴림체, 바탕체, 궁서체, 각종 영어글꼴(알파벳용) 등 컴퓨터에 들어있는 서체는 실로 다양하다. 평소에 다양한 서체를 눈으로 익히면서 그 특징을 파악해두는 것이 좋다.

표제를 굵고 크게 강조하는 작업은 비단 컴퓨터로 작성하는 자료에만 국한되는 것은 아니다. 손으로 자료를 작성할 때도 요구되는 스킬이다. 이력서나 지원서를 적을 때 볼펜을 사인펜으로 바꾸기만 해도 표제를 강조할 수 있다. 더 강조하려면 매직펜을 쓴다. 따로 주의사항이 없다면 검정색 외에 빨강색, 파랑색, 초록색 정도는 사용해도 무난하다.

OHP시트에는 색깔을 넣으면 안 된다고 생각하는 사람이 많은데 컬러 프린터용 시트도 판매되고 있으니 이것을 활용하자. 시트에 컬러 사인펜이나 형광 마커로 색깔을 입히는 방법도 있다. 컬러만으로도 글의 강약을 조절할 수 있다.

• 밋밋한 문장에 강약을

Bad

제주도, 섬 속의 섬 추천!

! 표제와 본문에 강약이 없어 밋밋하다.
행간도 좁고 답답한 인상이다

• 1 비양도
제주에서 가장 젊은 화산섬. 천 년밖에 안된 화산섬.
일출과 일몰이 아름답다.
• 2 우도
소가 누워있는 모습과 비슷하여 붙은 이름.
검말레 해안동굴과 산호사해수욕장(서빈백사)은 꼭 둘러봐야!
• 3 마라도
우리나라 최남단의 섬. 하늘과 바다와 풀만 존재하는 섬.
요즘은 골프카를 타고 30분 안에 돌아볼 수 있음!

Good

! 굵은 고딕체로 제목을 설정하고
그림자 효과도 넣었다

— 제주도, 섬 속의 섬 추천! —

! 표제는 컬러를 입혀
고딕체로 설정했다.
첫 머리 기호도 눈에
띄는 기호로 변경했다

■ **1 비양도**
제주에서 가장 젊은 화산섬.
천 년밖에 안된 화산섬. 일출과 일몰이 아름답다.

! 본문은 작은 사이즈의
명조체

■ **2 우도**
소가 누워있는 모습과 비슷하여 붙은 이름.
검말레 해안동굴과 산호사해수욕장(서빈백사)은 꼭 둘러봐야!

■ **3 마라도**
우리나라 최남단의 섬. 하늘과 바다와 풀만 존재하는 섬.
요즘은 골프카를 타고 30분 안에 돌아볼 수 있음!

아주 간단한 '숫자의 규칙'

숫자에는 수학의 룰이 있다

프레젠테이션 자료에는 숫자가 빈번히 등장한다. 글보다 강렬한 메시지가 되는 경우도 많아 잘못 사용했다가는 큰 문제로 발전할 수도 있다.

표를 구성할 때 흔히 셀 안의 숫자를 가운데나 왼쪽으로 정렬하는데, 자릿수가 같으면 상관없으나 그렇지 않으면 값의 크고 작음을 분간하기 어렵다. 만국 공통의 숫자 규칙에 따라 숫자는 오른쪽 정렬이 기본이다. 최소한 이것만은 지켜야 한다. 자릿수도 제대로 맞추지 못한 자료는 신뢰도가 떨어진다. 셀 없이 항목만 적는 경우에도 숫자를 한 자릿수에 맞추어 가지런히 정렬시킨다. 글자나 숫자를 처음 입력할 때는 자동으로 왼쪽에 정렬이 되므로 주의하자.

항목에 들어가는 내용도 '판매합계' '수(개)'처럼 단어가 중간에 잘리면 보기에 좋지 않다. '판매 합계수량' '(개)'와 같이 의미 있는 음절에서 줄을 바꿔주자. 글자 사이즈를 한 치수 줄여 한 행에 모두 들어가게 하거나 어절로 줄이 나뉘게 (엑셀에서는 Alt+Enter)하는 방법도 있다.

숫자단위가 커지면 천 단위마다 '콤마(,)'를 입력한다. 콤마를 빠뜨리면 읽는 이가 일일이 '일, 십, 백, 천, 만'이라고 자리수를 세어야 한다. 콤마 입력은 본인에게도 도움이 된다. 2,000,000원으로 제안해야 할 기획을 200,000원으로 했다가는 큰일이니 콤마로 자리수를 확인하면 이런 실수를 예방할 수 있다. 이 콤마는 문장 속의 쉼표(,)와 같은 역할을 한다.

소수점 아래까지 내려갈 때는 소수점 몇 자리까지 표기할지 정하고 표시한다. 2.88, 3.15, 4.78이라는 숫자가 나열된 표에 2.1이라는 표기는 적합하지

● 표 안의 숫자를 깔끔하게 정렬한다

Bad

빙과사업부 이익 예측

	단위	수량	매출(원)	이익단가(원)	이익소계(원)
초코소프트	100	182만	8200만	701.9	12770만
아이스모나카	120	346만	41520만	802.3	27750만
빙수(딸기)	80	228만	18240만	554.7	12640만
빙수(레몬)	80	189만	15120만	554.7	10480만
합계		945만	93080만		63660만

- 데이터가 왼쪽 위에 정렬되어 있다
- 엉뚱한 부분에서 항목이 나뉘어 한눈에 들어오지 않는다
- 셀 안의 데이터에 단위를 붙이면 다시 계산할 수 없다
- 콤마가 없어 수치를 잘못 인식할 위험이 있다
- 데이터가 상단 가운데에 정렬되어 있다

Good

빙과사업부 이익 예측

	단위 (원)	수량 (천 개)	매출 (천원)	이익단가 (원)	이익소계 (천원)
초코소프트	100	1,820	182,000	70.19	127,750
아이스모나카	120	3,460	415,200	802.3	277,600
빙수(딸기)	80	2,280	182,400	554.7	126,470
빙수(레몬)	80	1,890	151,200	554.7	104,800
합 계		9,450	930,800		636,600

- 항목이 두 줄로 되어 있지만 자연스럽게 어절이 나뉘어 보기가 쉽다
- 단위는 한 차수 작게
- 자릿수가 많아지면 반드시 콤마를 삽입한다
- 숫자는 모두 좌우 기준으로는 오른쪽 정렬 상하 기준으로는 중앙정렬이나 아래쪽 정렬

않으므로 '0'을 넣어서 2.10으로 해서 자리수를 맞춘다. 소수점에 사용되는 점은 쉼표 ' , '와는 구분해야 한다.

숫자인가 숫자모양의 글인가

숫자에는 반드시 단위가 붙는다. '10,000'이라고만 적어놓으면 1만 명을 말하는 건지 1만 원을 말하는 건지 알 수 없다. 명, 원, kg, km, ㎡, 바이트…… 등 단위는 반드시 기입해야 한다. 단위가 큰 숫자는 비교하기 쉽도록 천 원, 억 원 등으로 표시하는 경우가 있는데, 이 '천 원'이라는 단위가 빠지면 수치의 오차는 1,000배가 되고 만다. 영문 자료에서 '밀리언'(100만)과 '빌리언'(10억)의 오기도 흔한 실수 중 하나다.

금액을 표시할 때는 통화 단위에도 신경을 써야 한다. 굳이 적지 않아도 당연히 원이라 생각할지 모르지만 요즘 같은 국제화사회에서는 달러나 유로로 지불하고 결제하는 것도 일반적이다. 제시한 금액이 원이면 반드시 '원'을 붙이도록 한다. 단, '₩100,000원'은 잘못된 표기다. '₩'나 '원' 둘 중 하나만 선택한다.

숫자 표기법은 반각과 전각 두 종류가 있는데 제각기 역할이 다르다. 표계산 소프트웨어인 엑셀에서는 반각숫자가 아니면 수치로 인식하지 못해 집계나 함수계산을 할 수 없다. 전각숫자는 글자로 취급한다. 따라서 제목 등을 강조하려면 크고 굵게 보이는 전각숫자를 사용해야 하지만 계산 등 가공할 가능성이 있는 숫자에는 반드시 반각을 사용해야 한다. 숫자의 입력 분량이 많을 때는 입력 모드를 '한/영 전환'(반각 입력)으로 전환해두면 전각숫자로 잘못 입력할 우려가 없다.

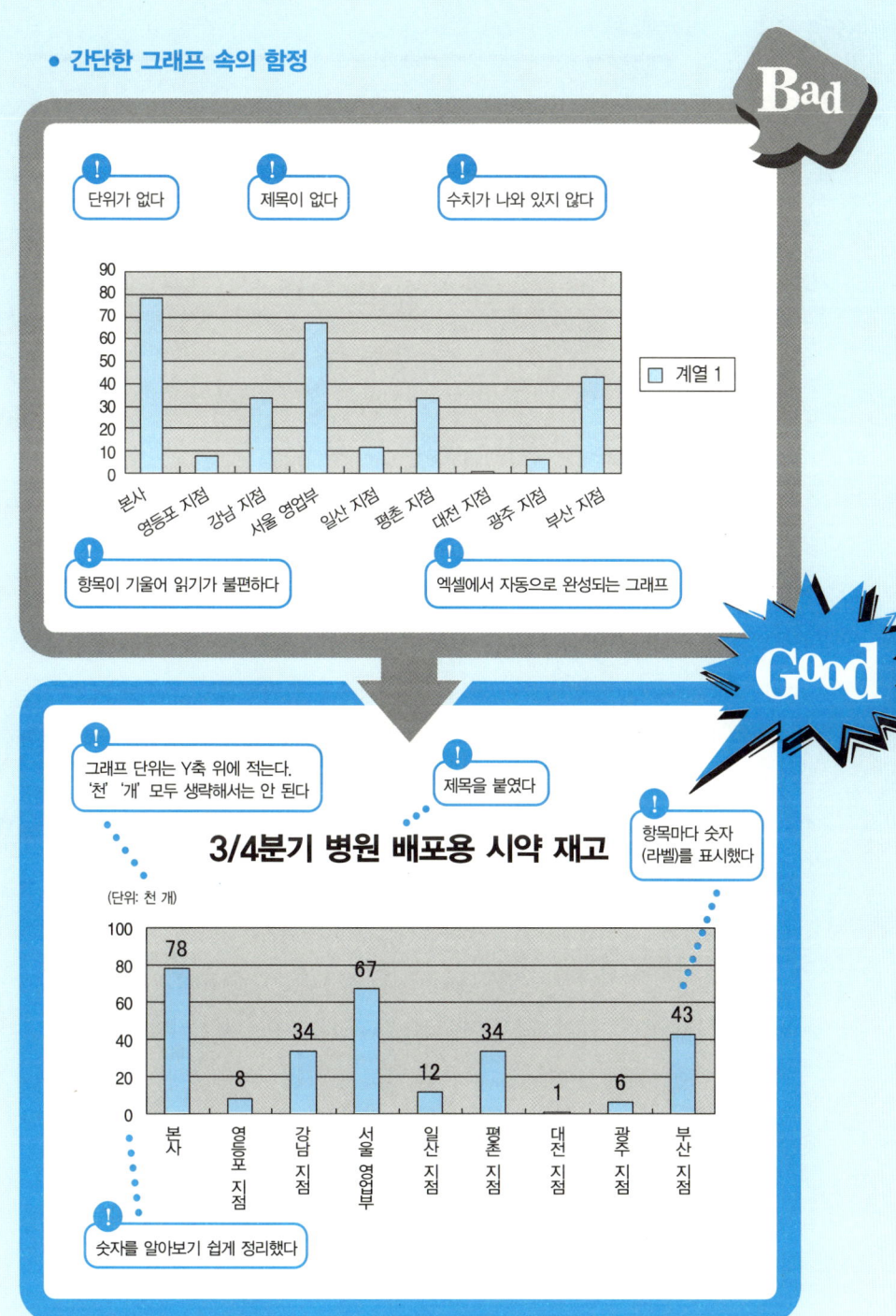

*4 영어
영어 표기에 숨겨진 '함정'들

▌영어를 사용하면 있어 보인다?

은근히 혹은 노골적으로 알파벳(주로 영어)이 섞인 자료들을 자주 접하게 된다. 그래야 멋있다고 착각하는 모양이다.

그러나 국내 기업끼리는 당연히 우리말이 기본이 되어야 한다. '이 시스템의 최대 장점은 scalability입니다' 라는 문장은 '~장점은 확장성입니다' 로 적으면 된다.

안일하게 영어를 사용했다가 낭패를 당하는 경우도 종종 있다. 일단 스펠링이나 문법상의 실수를 범하기 쉽다. 동남아시아를 여행하다가 종종 우리말을 모방한 기묘한 글씨가 적힌 간판이나 T셔츠를 보면 실소가 절로 나온다. 상대방이 영어에 능통한 사람이라면 딱 그런 느낌일 것이다.

나중에 알고 보니 콩글리시였다면 얼마나 얼굴이 화끈거리겠는가! 내가 출판사에 근무할 당시 영어권 출신의 원어민 편집자에게 "영어에는 그런 이상한 말 없어."라는 핀잔을 얼마나 자주 들었는지 모른다.

지금도 기억나는 단어는 NTT 통신의 '헬로 다이얼' 이다. NTT 통신 고객센터의 명칭인 헬로 다이얼을 그대로 'Hello Dial : (03)xxxx-' 이라 옮겼다가 낭패를 본 적이 있다. 그것은 어디까지나 가공된 고유명사일 뿐이다. 영어로 옮기면 오해를 불러일으킬 소지가 있다. 이 경우 '콜센터 전화번호' 등으로 적는 것이 옳다. 'Christmas' 는 'X' mas' 로 적었다가는 웃음거리가 되기 십상이다. '오토바이' 는 'motor cycle' 이 올바른 표기다. 우리 감각으로 영어를 남발하는 것은 위험하다. 네이티브 수준으로 영어에 능통한 사람이 아니라면 되

- 간결한 우리말이 최고

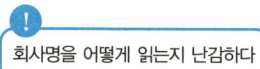

AMcom사 제품의 장점

■SPEC
화면 : 15.4wide
무선 기능 : IEEE802.11 a/b/g
Drive : DVD super multi

! 회사명을 어떻게 읽는지 난감하다

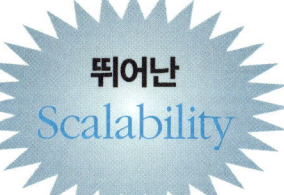

! 한글 프레젠테이션 자료에 영어가 부자연스럽게 섞여 있다

앰컴사 제품의 장점

■주요 사양
화면 : 15.4형 와이드
무선 기능 : IEEE802.11 a/b/g
드라이브 : DVD 슈퍼멀티

! 특수 용어는 일반적인 우리말로 대체한다

도록 외국어 사용은 피하는 것이 상책이다.

영어의 함정

아무 생각 없이 영어를 사용하는 예로는 월이나 요일이 있다. 스케줄을 나타내는 간트차트에서 날짜를 '25(wed)'라는 식으로 사용하기 쉬운데 월이든 요일이든 첫 글자는 대문자로 표기하는 것이 기본이다. 그러므로 '25(Wed)'가 올바른 표기다. 회사명이나 이름 등의 고유명사를 알파벳으로 표기할 때도 'Yemun Publishing' 'Ju Hyun, Lee'와 같이 대문자로 시작해야 한다.

간혹 불가피하게 회사명이나 제품명 등을 알파벳으로 표기해야 할 때는 반드시 글꼴을 통일시키는 것이 좋다.

• 한글과 영어가 섞여 있지 않은가

! 프레젠테이션 자료에는 우리말과 영어가 섞인 문장이 많다

우리 Olleh Burger 직원 일동은
hospitality와 smile로
햄버거 체인점의
No.1을 지향합니다.

! 멋 부리려다 스펠링이나 문법상의 실수가 있으면 치명적이다

우리 '올레 버거' 직원 일동은
친절함과 미소로
1등 햄버거 체인점을 지향합니다.

! 최대한 우리말로 통일한다

마침표를 넣을 곳과
넣지 말아야 할 곳의 구분법

쉼표, 마침표, 넣어? 말아?

자료를 읽다보면 쉼표와 마침표가 눈에 거슬리는 경우가 있다. 마침표는 문장 끝에 붙는 '.'이며 쉼표는 문장 중간의 어절에 붙는 ','이다. 같은 페이지 안에 마침표를 찍은 문장과 그렇지 않은 문장이 혼재된 경우도 종종 있다.

마침표는 원칙적으로 제목이나 표제에는 사용하지 않는다. 신문 헤드라인에도 마침표가 붙지는 않는다. '·' '※' '⑴' 등으로 시작하는 항목이라면 단어에는 붙이지 말고 문장에 붙이도록 한다. 교과서나 공문을 참고로 하면 좋다.

예외적으로 광고 카피에는 제목이나 표제 뒤에 마침표를 붙이기도 한다.

한편, 블로그 등을 통한 디지털 글쓰기가 보편화되면서 다양한 문장 기호도 함께 등장하기 시작했는데, 특히 많이 보이는 것이 생략 부호인 '…'이다. 이것을 두 번 반복하여 사용하는 것이 보편적이며, 마침표를 3개 이상 나열하거나 중간점(·)을 3개 이상 나열한 표기는 명백한 오기이므로 주의한다.

- 쉼표, 마침표를 명확히 구분해서 사용한다

Bad

 당사의 사업개요

> 글과 글을 잇는 선을 마침표 '．'로 대용해서는 안 된다

3가지 사업
- 호텔 사업 .... 호텔 프린세스
- 스파 사업 .... 하와이안 로코
- 외식 사업 .... 로코로코 버거

3가지 약속
- 우리는 고객의 미소를 위해 최선을 다하겠습니다
- 우리는 주주 여러분의 만족을 위해, 최선을 다하겠습니다.
- 우리는 전 직원의 행복을 위해 최선을 다하겠습니다

> 함께 나열된 항목에 마침표가 붙은 단어와 없는 단어가 혼재되어 있다

Good

 당사의 사업개요

> 글과 글을 잇는 선이 올바르게 표시되었다

3가지 사업
- 호텔 사업 ··· 호텔 프린세스
- 스파 사업 ··· 하와이안 로코
- 외식 사업 ··· 로코로코 버거

3가지 약속
- 우리는 고객의 미소를 위해, 최선을 다하겠습니다.
- 우리는 주주 여러분의 만족을 위해, 최선을 다하겠습니다.
- 우리는 전 직원의 행복을 위해, 최선을 다하겠습니다.

> 모든 문장 중간에 쉼표, 문장 끝에 마침표가 통일되어 있다

신중하게 선택해야 할 민감한 단어들

▌제삼자의 눈으로 체크한다

나는 프레젠테이션 자료의 내용보다 오·탈자에 아주 민감하다. 하나라도 실수를 발견하면 그 뒷장을 읽을 마음이 싹 사라지고 만다. 컴퓨터가 보편화되면서 오·탈자나 한자 변환실수도 잦아졌고 유행어나 속어를 공식문서에 사용하는 예도 적지 않다. 주어와 술어는 서로 대응하는지, 관용 표현을 잘못 쓰지는 않았는지, 고유명사를 잘못 쓰지 않았는지 등 이런 테마만으로도 책 한권을 족히 쓰고 남을 정도다.

등장하는 업계용어, 전문용어에는 아무리 신중을 기해도 모자란다. 특히, IT분야의 affiliate, SEO, 브로드밴드 등의 영어표현은 상대방의 지식수준에 맞추어 용어 선택에 신중을 기해야 한다. 생소한 단어라면 주석을 달거나 괄호 안에 용어설명을 추가하는 것이 좋다. 자칫했다가는 정확한 뜻도 모른 채 프레젠테이션이 끝나는 불상사가 생긴다.

반대로 전혀 엉뚱한 단어를 써서 수준을 의심 받을 수도 있다.

자료를 작성하는 본인은 의식하지 못하는 경우가 많으니 가까운 선배나 후배 등 제삼자에게 읽어달라고 부탁해보자. '모르는 용어가 나오면 알려 달라' '어색한 영문 표기가 나오면 표시해 달라' 고 하면 된다. 나보다 실력이 부족하다고 생각했던 사람이 내가 미처 발견하지 못한 부분을 알려주는 경우도 종종 있다.

● '독백 문서'를 '배려 문서'로 바꾸기

! '캐리어' '필터링' '화이트리스트' '블랙리스트'는 듣는 사람이 아는 용어인지 검증이 필요하다

> 휴대 캐리어 각사의 필터링 서비스에는 '화이트리스트' 방식과 '블랙리스트' 방식 두 가지가 있다. 그러나 신문사의 스포츠뉴스나 지자체의 방재사이트까지 접속이 차단됨에 따라 추후의 운용방법은 재검토할 필요가 있다.

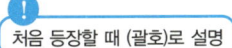

! 처음 등장할 때 (괄호)로 설명   ! 단어 앞에 보충설명

> 휴대 캐리어(통신회사) 각사의 필터링 서비스*에는 안전이 확인된 사이트에 접속하는 '화이트리스트' 방식과 유해할 것으로 보이는 장르에 접속을 차단하는 '블랙리스트' 방식 두 가지가 있다. 그러나 신문사의 스포츠뉴스나 지자체의 방재사이트까지 접속이 차단됨에 따라 추후의 운용방법은 재검토할 필요가 있다.

! 본문 외의 각주로 설명   * 유해 사이트 접속을 차단하는 서비스

4장_프레젠테이션 멘토에게서 배우는 '편집' 노하우   123

차별 용어나 금지 용어는 치명적

오·탈자라면 그나마 '입력하면서 실수했구나' 하고 상대방이 다소 눈감아주는 부분도 있다. 그러나 차별 용어는 치명타다. 상대방이 보고 들었을 때 불쾌감을 느끼는 단어는 절대로 사용해서는 안 된다.

무의식중에 사용하기 쉬운 차별 용어로는 '장님' '절름발이' '귀머거리' 등이 있다. '흑인' 이라는 단어도 사용에 신중을 기해야 한다.

명사 뒤에 붙어 '그것과 관련된 기술을 가진 사람' 을 뜻하는 '~장이' 와 '~쟁이' 를 혼동해서도 안 된다. '대장장이' '미장이' '옹기장이' 등 기술자, 즉 장인을 이르는 말을 '~쟁이' 로 잘못 적는다면 아무리 제안 내용이 훌륭해도 거부 반응을 일으킨다. '뚜쟁이' 는 '중매인' 같은 단어로 순화시켜야 한다.

업계 1위를 노리며 투지를 불태우는 회사를 상대로 '업계 2위' '넘버 2에서 벗어나기 위해' 라는 표현을 썼다가는 당장 잘릴 것이 뻔하다. 외부 사람에게 그런 말을 듣고 기분 좋을 사람은 없다.

개인과의 관계도 마찬가지다. 이혼 경험이 있는 담당자에게 '이혼녀' '이혼남' 등의 단어가 들어가는 자료를 제출하면 어떻겠는가? 불쾌감을 느끼는 단어는 천차만별이므로 사전 조사나 인터뷰를 통해 써서는 안 되는 말이 무엇인지 확실히 알아두자.

● 무심코 사용하는 말을 변환한다

	부적절한 표현	변경 예
중복 표현	우선 제일 먼저 각 부서마다 약 30일 정도	먼저 부서마다 30일 정도
상품명	미원 메다인 홈매트	화학조미료 접착제 액체 모기향
명칭 변경	스튜어디스 간호원 장애자	승무원 간호사 장애인
일본식 표현	거래선 매상 외자계	거래처 매출 외국계
영어 표현	핸드폰 코스트 마켓 쉐어	휴대전화 원가, 비용 시장점유율
신체적 차별	발이 없다 장님 도장 귀머거리 좌석	교통기관이 없다 확인하지 않고 날인 정보를 전달하지 않았다
직업적 차별	노가다 신문쟁이 걸레장사	건설현장 업무 신문판매점 섬유회사
성적 차별	여자 나부랭이가 여기자/기자 여사장/사장	(여성을 강조하지 않는다)

여백의 미를 살려라

▎문서에도 반드시 적절한 '공백'이 필요하다

글자만 빼곡하게 나열된 문서에 가끔 놀랄 때가 있다. 마치 제발 읽지 말아 달라고 외치는 것 같다. 남에게 보이는 문서는 어떻게 하면 상대방이 잘 읽을 수 있는지 늘 궁리하며 써야 한다. 글과 글 사이에 간격을 주는 일도 그런 궁리 가운데 하나다.

내용상 끊기 좋은 단락을 설정하는 것은 기본이다. 단락을 설정할 때 줄을 바꾸는 것은 절대 조건이다. 보통 글의 첫머리를 들여쓰기 하는 이유는 전 단락의 마지막 글자가 오른쪽 끝에서 끝나면 줄이 바뀌었는지 아닌지를 알 수 없기 때문이다. 하지만 웹사이트나 프레젠테이션 자료는 그렇지 않을 때가 많다. 들여쓰기를 하지 않는 습관에서 기인한 것인데 대신 단락과 단락 사이를 한 줄 띄우는 것이 일반적이다.

내용을 효과적으로 전달하기 위해서는 한글 스타일과 영문 스타일을 병행하는 것이 좋다. 즉, 단락의 첫 부분은 한 글자 들여 쓰고 다음 단락 앞에 한 줄을 넣는 것이다.

줄 나누기와 여백을 자유자재로 활용한다

MS워드에서는 '서식' 메뉴의 '단락'에서 줄 나누기 간격 등을 상세하게 설정할 수 있다. 파워포인트에서 텍스트 상자에 글을 입력할 때도 줄 간격 설정이 가능하며 'Shift' 키와 동시에 'Enter' 키를 누르면 행간이 좁은 두 줄로 나

• 글자만 빼곡한 문장을 읽기 쉽게 만든다

사업 계획 개요

비즈니스 안
두피 관리사 양성스쿨

서비스 개요
누구에게 … 미용사 자격이 있는 분
무엇을 … 미용실 경영에 +∝를 추가하는 부가가치로서 두피마사지 기술을 지도, 협회 인정 자격 부여.

가격설정
'집중 코스' 8시간 2일, 사흘째 자격시험 소요 비용 20만 원
'통학 코스' 주 1회 2시간, 총 8회 15만 원

비즈니스의 이념
미용실이 우후죽순으로 생겨나는 한편에서는 폐업하는 점포도 많은 것이 업계 현실입니다. 이런 상황 속에 살아남기 위해 차별화를 도모하려는 미용실을 지원하여 미용실의 사회적 지위 향상을 도모하는 것이 본 서비스의 이념입니다. 두피 마사지는 뇌에 직접 메시지를 전달하여 심신의 안정을 도모하는 작업입니다. 올바른 기술을 터득하면 가격 경쟁에 휘둘리지 않고 고객을 확보할 수 있습니다.

! 글이 촘촘해서 읽기가 불편하다

사업 계획 개요

□=전각 공백
∨=반각 공백

비즈니스 안
두피 피부관리사 양성스쿨

서비스 개요
누구에게 … 미용사 자격이 있는 분
무엇을   … 미용실 경영에 +∝를 추가하는 부가가치로서
         두피마사지 기술을 지도, 협회 인정 자격 부여.

가격설정
'집중 코스' ∨8시간 2일∨사흘째 자격 검정∨20만 원
'통학 코스' ∨주 1회 2시간∨총 8회 □□□∨15만 원

비즈니스의 이념
□미용실이 우후죽순으로 생겨나는 한편에서는 폐업하는 점포도 많은 것이 업계 현실입니다. 이런 상황 속에 살아남기 위해 차별화를 도모하려는 미용실을 지원하여 미용실의 사회적 지위 향상을 도모하는 것이 본 서비스의 이념입니다.
□두피 마사지는 뇌에 직접 메시지를 전달하여 심신의 안정을 도모하는 작업입니다.
□올바른 기술을 터득하면 가격 경쟁에도 휘둘리지 않고 고객을 확보할 수 있습니다.

! 문장을 항목별로 나누고 사이사이에 한 줄씩 여백을 삽입했다

! 쉼표대신 공백을 넣어 글자를 표시했다

! 긴 문장을 3단락으로 나누었다. 단락 첫 머리는 들여쓰기

누어진다. 변화를 주기 위해 시도해보기 바란다.

  각 항목의 내용을 적다가 두 줄 이상에 걸치게 되면 오른쪽 페이지 상단 일러스트처럼 두 번째 줄 시작 문장이 첫 번째 줄 기호 밑에 오게 되는데 이럴 때는 두 번째 줄부터 한 글자 이상 들여쓰기해서 공백 부분을 만든다.

  흔히 하는 것처럼 스페이스바로 한 자씩 공백을 입력하다 보면 글자나 공백 위치가 이동하는 단점이 있다. 이 경우, '들여쓰기 인덴트' 기능을 사용하면 편리하다. MS워드에서는 들여쓰기하고 싶은 단락을 선택하여 수평 룰러의 '들여쓰기 인덴트 마커'를 오른쪽으로 드래그하면 두 번째 줄을 들여 쓴 것처럼 조정할 수 있다. 글자 수에도 제약이 없으니 자유롭게 설정이 가능하다.

  공백 활용법 또한 다양하다. 예를 들어, '매난국죽(梅蘭菊竹)'과 '매 난 국 죽'은 이미지가 전혀 다르다. '매, 난, 국, 죽' 하는 식으로 쉼표를 사용해서 구분하면 좀 더 강조하는 효과가 있다. 또 다른 방법으로는 반각 스페이스를 이용해 미세한 공백을 만들기도 한다.

  그저 단순히 글과 글, 줄과 줄 간격을 넓히라는 말이 아니다. 포인트는 압축할 부분은 압축하고 압축된 덩어리와 덩어리를 구분하는 부분에 공간을 만드는 것이 포인트다. 시험 삼아 워드에 반 줄 정도 글을 입력한 뒤 '양쪽정렬'을 표시해보라(오른쪽 페이지 하단 일러스트 참조). 글과 글 사이에 공백이 너무 커서 오히려 읽기가 불편하다. 줄 바꾸기와 공백 팁을 적절히 활용하여 보기에 거부감이 들지 않는 자료를 만들자.

● 문장을 살리는 여백 사용법

1. 항목 기재에서 여백을 설정한다

(1) 그룹 회사의 통합을 위한 인재교육과 고객만족도 향상을 지향한다.

! 첫 문자보다 두 번째 줄의 문자가 앞에 와 있다

(1) 그룹 회사의 통합을 위한 인재교육과, 고객만족도 향상을 지향한다.

! '들여쓰기 인덴트' 기능을 이용하면 글머리를 간단하게 정리할 수 있다

2. 의미 있는 위치에 여백을 설정한다

□=전각 공백
∨=반각 공백

• **양쪽정렬 (좋지 않은 예)**

골　　든　　위　　크　　란　　……
4월 25일 토요일, 26일 일요일, 5월 1일 근로자의 날, 5월 2일 토요일, 3일　일요일, 4일　대체휴일, 5일　어린이날

! 글 간격을 벌리는 것만으로는 읽기가 불편하다

• **여백 (좋은 예)**

골든위크란……
□4월∨24일∨창립기념일, 25일∨토요일, 26일∨일요일
□5월∨1일∨근로자의 날, 5월∨2일∨토요일, 3일∨일요일, 4일∨대체휴일, 5일∨어린이날!

! 뜻이나 규칙성을 가지고 여백을 설정하면 규칙적인 문장이 된다

*8 문단
번호체계는 신중하게 생각하라

▮ 동등하게 다룰 것인가 우열을 가릴 것인가

긴 문장을 시각적으로 바꾸고 싶을 때는 기호를 붙여 한 줄씩 나열하는 방법이 있다.

항목이 50개, 100개씩 되면 무리다. 많아야 5개, 아무리 많아도 10개를 넘지 않아야 활용이 가능하다. 글자 수도 최대한 줄여 가능하면 한 줄로 마무리한다.

첫머리가 '·'으로 시작되거나 ①②③인 경우가 있는데 '·빨강 ·파랑 ·노랑'이라고 적었을 때와 '①빨강 ②파랑 ③노랑'이라고 적었을 때는 그 의미가 전혀 다르니 주의해야 한다. '·'은 '색상은 이 세 가지입니다'라는 뜻이지만 번호를 매기면 '첫 번째가 빨강, 두 번째가 파랑, 세 번째는 노랑' 하는 식의 서열이 생긴다. 따라서 항목으로 나열할 때는 일단 항목 수를 줄이는 작업부터 시작한다. 그런 다음 항목의 상관성을 생각한다.

▮ 면적이 넓은 '글머리 기호'를 사용한다

공기관으로부터 문서 작성 업무를 의뢰받았을 때 번호 체계를 ⑴⑵⑶과 ①②③으로 사용했다가 1. 2. 3.으로 수정해달라는 요청을 받았다. '1.이든 ⑴이든 ①이든 순서만 보여주면 되지 무슨 상관인가'라고 생각했지만 이는 잘못된 생각이었다. 로마에 가면 로마의 법을 따라야 한다. ⑴나 ①과 같은 원문자는 외국에서는 잘 사용하지 않아 메일로 보내면 글자가 깨지는 경우가 있다.

• 규칙에 따라 항목을 나열한다

Bad

여성 T셔츠의 색상과 가격

색상
【1】로즈레드
【2】어스그린
【3】써니오렌지   3가지 중에 선택하실 수 있습니다.

! 색상에는 순서가 없다

가격
S 사이즈 = 20,000원
M 사이즈 = 23,000원
L 사이즈 = 26,000원

! 작은 사이즈에서 큰 사이즈 순으로 나열되었다

☐ 선불 시스템입니다.
☐ 주문하신 후에는 사이즈를 변경할 수 없으니 양해바랍니다.

Good

여성 T셔츠의 색상과 가격

색상
• 로즈레드
• 어스그린
• 써니오렌지

! 색상에 우열은 없으므로 숫자가 없는 기호를 입력한다

3가지 중에 선택하실 수 있습니다.

가격
1. S 사이즈 = 20,000원 (가장 일반적인 사이즈)
2. M 사이즈 = 23,000원 (키가 170cm 이상인 분)
3. L 사이즈 = 26,000원 (남성도 착용 가능)

! 가장 작고 저렴한 사이즈부터 순서대로 표시한다

① 선불 시스템입니다.
② 주문하신 후에는 사이즈를 변경할 수 없으니 양해바랍니다.

사소한 일처럼 보이지만 상대방을 배려한다는 마음에서 상대방의 눈에 익은 표기를 사용한다.

기호는 조직마다 사용하는 관행이 있다. 어떤 대기업은 Ⅰ.Ⅱ.Ⅲ., 1.2.3., ⑴⑵⑶, ①②③, ⑺⑷⑸ 순으로 항목을 적는다는 암묵의 규칙이 있어 모든 직원들이 그대로 따른다. 그렇다고 외부에 제출하는 자료까지 이 규칙을 따를 필요는 없다. 어디까지나 그 기업 고유의 규칙일 뿐이다.

이것을 좀 더 유용하게 활용할 수 있는 분야가 이력서나 입사지원서다. 시중에 판매되는 이력서에는 장단점이나 지원동기를 적는 칸에 밑줄이 없다. 그저 아무 생각 없이 '제 장점은 책임감이 강하다는 것이며 한 프로젝트에서는 어쩌고저쩌고, 단점은 숫기가 없어 처음 만난 사람과는 어쩌고저쩌고 하며 적는 것보다 '■ 장점 : 책임감 ■ 단점 : 숫기가 없음'이라고 적는 편이 훨씬 읽기가 수월하다. 그 밑에 '프로젝트가 끝날 때까지 주말에도 출근했다'든가 '초면인 사람과 허물이 없어지기까지 반나절은 걸린다' 등등의 에피소드를 적는다. 일일이 본문을 읽지 않아도 '책임감 강함' '숫기 없음'이라는 키워드를 상대방에게 각인시키는 효과가 있다.

참고로 항목 앞에 붙이는 글머리 기호에 ○나 □는 피하는 것이 좋다. ○는 숫자의 '0', □는 한글의 'ㅁ'이나 한자의 '口'로 오인될 여지가 많기 때문이다. 같은 사이즈라면 검은 부분이 많을수록 눈에 잘 띄므로 ■, ●, ◆, ★ 등의 기호를 이용해야 훨씬 더 정돈된 느낌을 준다. 여러 가지 기호를 빈번하게 사용하면 지저분한 인상을 주므로 한두 가지를 정해서 사용하는 것이 좋다. 항목과 항목 사이에는 간격을 두는 것이 훨씬 깔끔해 보인다.

● 글머리 기호 활용 팁

Bad

레스토랑 오픈

□ 로맨틱 베리
□ 서울 광화문 교보문고 버스정류장 앞
○ 082-123-4567(대)

갓 구워낸 독일 빵과 향기로운 커피가 있는 카페
Romantic Berry

! 기호의 □와 'ㅁ(한글 미음)', 기호의 ○와 '0(숫자)'이 잘 구분되지 않는다

Good

레스토랑 오픈

■ 로맨틱 베리
■ 서울 광화문 교보문고 버스정류장 앞
● 082-123-4567(대)

갓 구워낸 독일 빵과 향기로운 커피가 있는 카페
Romantic Berry

! 기호와 글자가 구분되도록 기호를 변경했다
기호와 글자 사이를 반각씩 띄우고 색상도 바꾸었더니 한결 알아보기 쉬워졌다

강조하고 싶은 곳은 글꼴이나 색을 바꾼다

▍밑줄을 그은 신문기사는 없다

A4 용지를 빽빽이 채운 문장 대부분에 밑줄이 그어진 자료를 받은 적이 있다. 조언을 하려고 하자 태연하게 "어디 잘못된 부분이라도 있나요?"라고 되묻는 것이 아닌가? "강조하고 싶은 곳에 긋는 것이 밑줄이에요. 이렇게 다 그어놓으면 어디가 강조하고 싶은 부분인지 모르지 않을까요?"라고 지적하자 그제야 잘못을 깨달은 모양이었다.

프로가 작성한 문서와 아마추어가 작성한 문서를 구분하는 가장 쉬운 방법이 바로 이 밑줄이라고 해도 과언이 아니다. 초보자일수록 밑줄을 긋고 싶어한다. 지금 당장 신문이나 잡지를 펼쳐보라. 본문이나 표제에 밑줄이 나오는가? 밑줄은 광고의 카피문구에도 사용하지 않는다.

툴바의 '밑줄' 아이콘 옆에는 '굵은체' '기울임체' 기능이 눈에 잘 들어오는 곳에 위치한다. 초보자들은 자꾸 사용하고 싶어하지만 프로들은 거의 사용하지 않는다.

밑줄은 시험문제에서 인용되는 문장이나 단어, 기호를 지정하기 위해 사용한다. 그밖에 클릭커블(클릭해서 다른 페이지로 이동하기) URL 기능 정도로만 사용하면 된다. 기울임체는 영어 이외의 외래어를 명시하기 위해 사용하는 기능이다. 예를 들면 '김치'를 *kimchi*로 표기하는 식이다.

따라서 프레젠테이션 자료를 만들 때는 되도록 사용하지 않는 것이 좋다. 밑줄만 없애도 자료의 수준이 몰라보게 향상된다.

• 밑줄을 사용하지 않고 보여주는 것이 프로의 테크닉

Bad

Hair & Make Up Artist
야마자키 미소라(Misora-Yamazaki)

★프로필★
아키타 이미용 전문학교 졸업
(미용사 국가 자격증 취득)
단노 뷰티스쿨 헤어&메이크 코스 수료
재학 시절부터 연극, 댄스 등의 헤어메이크업을 담당했으며 관동, 전국 콩쿠르 입상.
졸업 후에는 일본메이크에 입사, 아나운서, 탤런트 등의 메이크업 담당, 여배우들에게 호평을 받고 있음.
2006년 독립, 프리랜서로 활약하며 영화, 잡지 등으로 활동 영역을 넓힘.
2007년 4월, 다이칸야마에 '살롱 드 미소라' 오픈, 취직 활동 중인 여학생들을 대상으로 메이크업 개시
2007년 7월~, 잡지 '셀레비스트'에 〈닦으면 빛난다〉 연재 중

! 별이나 하트를 남발하면 오히려 촌스러워진다

! 기울임체가 촌스러운 느낌을 준다

헤어 메이크업 요금
취직용 증명사진 4,000엔
스틸 반나절 35,000엔~ (기본 5시간까지, 교통비 별도 청구)
파티 메이크업 30분 3,000엔~ (친구 동반 시 할인, 코스프레 메이크업 상담 접수)
신부 화장 1일 30,000엔~ (리허설 비용 별도)
영상 1일 50,000엔~ (PV, 영화, CM 등 인원별로 상담 접수)

! 밑줄이 너무 많아 어디가 중요한 부분인지 알아보기 어렵다

'살롱 드 미소라'
http://www.salondemisora.com
(03)3123-4567

Good

Hair & Make Up Artist
야마자키 미소라 (Misora Yamazaki)

프로필
아키타 이미용 전문학교 졸업
(미용사 국가 자격증 취득)
단노 뷰티스쿨 헤어&메이크 코스 수료.
재학 시절부터 연극, 댄스 등의 헤어 메이크업을 담당했으며 관동, 전국 콩쿠르 입상.
졸업 후에는 일본메이크에 입사, 아나운서, 탤런트 등의 메이크업 담당, 여배우들에게 호평을 받고 있음.
2006년 독립, 프리랜서로 활약하며 영화, 잡지 등으로 활동 영역을 넓힘.
2007년 4월, 다이칸야마에 '살롱 드 미소라' 오픈, 취직 활동 중인 여학생들을 대상으로 메이크업 개시
2007년 7월~, 잡지 '셀레비스트'에 〈닦으면 빛난다〉 연재 중

! 밑줄 대신 글꼴과 색상으로 강조

헤어 메이크업 요금

취직용 증명사진		4,000엔
스틸	반나절	35,000엔~
(기본 5시간, 교통비 별도 청구)		
파티 메이크업	30분	3,000엔~
(친구 동반 시 할인 코스프레 메이크업도 상담 접수)		
신부 화장	1일	30,000엔~
(리허설 비용 별도)		
영상	1일	50,000엔~
(PV, 영화, CM 등 인원별로 상담 접수)		

! 강조하는 부분은 색상을 달리 한다

'살롱 드 미소라'
http://www.salondemisora.com
(03)3123-4567

강조하고 싶으면 글꼴이나 글꼴 색을 바꾼다

그렇다면 강조하고 싶은 문장이나 글은 어떻게 손을 대야 할까? 가장 손쉽고 빠른 방법은 글꼴 바꾸기다. '명조체'의 문장 속에 선이 굵은 '고딕체'가 있으면 눈에 확 띈다. '굵은체' 기능 대신 선이 굵은 글꼴로 바꾸는 것이다. HY명조 〈 맑은 고딕 〈 HY견고딕 순으로 점점 굵어지니 적당한 것을 고르면 된다.

글자 자체를 키우는 방법도 있다. 글꼴 크기를 12포인트에서 20포인트로 키우면 즉시 효과가 나타난다. 반대로 비고나 각주 등은 글꼴 크기를 줄여 눈에 띄지 않게 하기도 한다.

강조하고 싶은 글자의 색상을 바꾸어도 좋다. 검은색 글자 속에 빨강색 글자가 등장하면 누가 보아도 강조하고 부분이라는 것을 알 수 있다.

이런 기능을 사용할 때도 밑줄과 마찬가지로 지나치게 많이 쓰면 강조하고자 하는 부분이 애매해지니 주의해야 한다. 우리가 평소에 접하는 잡지나 웹사이트를 눈여겨보면서 어떤 식으로 강약을 주는지 참고한다.

밑줄 기능 대신 제목이나 표제의 위아래에 선을 그어 강조하는 방법도 있다. '밑줄' 기능이 아니라 '도형'의 '선긋기' 기능을 활용해서 글자 주위로 선을 긋는 것이다. 색상이나 굵기도 자유자재 바꿀 수 있어 편리하다.

● 선을 디자인의 일부로 활용한다

Bad

이렇게 멋져?!
팡팡 다이아몬드타워

! 밑줄이나 기울임체가 복잡한 인상을 주고 강조하고 싶은 부분이 어디인지 애매하다

전 세대 남향. 뛰어난 채광을 자랑하는 설계.

로비 층에는 컨시어지가 상주하여 택배 수령이나 세탁 서비스를 접수합니다.

2층 키즈 룸에는 놀이기구와 수유시설이 완비되어 있어 아이들이나 보호자 분들이 휴식공간으로 이용하실 수 있습니다.

아일랜드 키친 시스템을 갖춘 최상층 파티 룸에서는 홈 파티를 즐기실 수 있습니다.

게스트룸(※유료)은 손님들이 숙박하실 수 있는 호텔과 같은 객실입니다.

지하에는 넉넉한 수납공간을 갖춘 개인 창고가 마련되어 있습니다.

Good

이렇게 멋져?!
팡팡 다이아몬드타워

! 밑줄이나 기울임체 대신 글꼴과 색상에 변화를 주어 강조하고자 하는 부분을 부각시킨다

전 세대 남향. 뛰어난 채광을 자랑하는 설계.

로비 층에는 **컨시어지**가 상주하여 택배 수령이나 세탁 서비스를 접수합니다.

2층 키즈 룸에는 **놀이기구와 수유시설**이 완비되어 있어 아이들이나 보호자 분들이 휴식공간으로 이용하실 수 있습니다.

아일랜드 키친 시스템을 갖춘 **최상층 파티 룸**에서는 홈 파티를 즐기실 수 있습니다.

게스트룸(※유료)은 손님들이 숙박하실 수 있는 호텔과 같은 객실입니다.

지하에는 **넉넉한 수납공간을 갖춘 개인 창고**가 마련되어 있습니다.

Point Check
프레젠테이션 차별화 전략 4

상대방에게 열의와 성의를 전달하라

프레젠테이션을 통해 원하는 결과를 얻으려면 정석을 뛰어넘는 스킬이 필요하다.

결정권자도 사람이다. 제안자의 열의와 정성에 감탄해 흔쾌히 OK를 하는 경우도 적지 않다. '이렇게까지 열심히 했는데' 하는 넉넉한 마음이 생기는 것이다.

그렇다면 열의와 정성은 어떻게 전달하면 좋을까? 장발에 수염을 고집하던 사람이 대면 프레젠테이션 당일에 '이 일을 꼭 성사시키고 싶어서' 라는 굳은 의지에 머리도 자르고 수염도 깎은 말끔한 모습으로 등장한다면 깊은 인상을 남길 수 있다. 이렇게까지는 못하더라도 자료를 건넬 때 마음을 담은 편지를 첨부하는 것은 어떨까? 상대방 기억에 남을만한 에피소드를 곁들여 이번 프레젠테이션에 임하는 진지한 자세를 전달하는 것이다.

어떤 잡지에서 읽었는데 파견나온 한 외국계 기업 대표가 현지인 간부를 채용할 때 가장 중요하게 생각하는 부분은 이력서에 첨부된 소개서의 색상과 인쇄된 글꼴이라고 한다. 이 정도 센스를 가진 사람이면 남을 배려할 줄 아는 훌륭한 인재임에 틀림없다고 생각한다는 것이다.

어려울수록 커뮤니케이션에 더 많이 투자하라

뛰어난 의사전달법을 개발하는 것은 유능한 리더십의 절대조건이다.
리더의 생각과 아이디어는 팀원들에게 긴박감을 주는 동시에, 열정을 전달할 수 있어야 한다.
만일 리더의 메시지가 다른 이들에게 동기를 부여하지 못한다면 이러한 메시지는 아무런 소용이 없다.

— 길버트 아멜리오, National Semiconductor Corp. 회장

PART 05

입사 3년차의 프레젠테이션
P R E S E N T A T I O N

프레젠테이션 멘토에게서 배우는 도해 노하우

· · ·

문자 정보도 그래픽으로 만들면 내용이 한 눈에!

최종 목표는 문자를 도해로 만들기

사람들이 만화를 보는 이유는 단순하다. 문자로만 이루어진 정보보다 그림과 문자가 함께 사용되어 머릿속에 훨씬 잘 들어오기 때문이다. 앞의 1장에서 강조한 내용도 한 마디로 요약하면, '문자 대신 도해를 활용하라' 는 것이었다.

예를 들어보자. "한 인터넷 카페에서 만나 오래전부터 안면이 있던 A씨와 B씨. '제가 몇 년 전에 근무했던 회사의 어떤 선배가 X시로 발령을 받아······' '그런데 B씨가 친지를 방문하기 위해 X시에 갔더니 A씨의 제부가 근무하는······' 어쩌고저쩌고하며 결국에는 세상 참 좁다."라는 말을 하는 데만 장장 열 줄이나 할애했다면? 이런 글은 몇 번을 다시 읽어도 도무지 어떻게 아는 관계인지 파악하기 어렵다. 나는 종이를 꺼내 들고 인물 관계도를 그리기 시작했다. 도해로 그리자 두 사람의 관계가 명확해졌다. 이렇게 편한 방법을 놔두고 왜 어렵게 글로 설명하려고 할까?

TV 뉴스나 정보 프로그램에서는 인물관계도가 대활약을 펼친다. 동그라미와 삼각형으로 사람 모양을 만들어 어른은 크게, 아이는 작게, 남성은 파랑색, 여성은 빨강색으로 표시한다. 그리고 이들의 관계를 선으로 연결한다. 앞에서 예로 든 카페 회원 간 관계 설명도 이런 도해를 이용하면 쉽고 간단하게 설명이 가능해진다.

• 관계에 대한 설명은 인물관계도를 활용하라

Bad

의뢰인의 가족관계는 다음과 같습니다.

의뢰인은 자산가이며 결혼 후 어머니를 모시고 살았습니다. 자녀는 아들 한 명, 딸 한 명을 두었는데 남편은 결혼 10주년이 되는 해에 교통사고로 사망했습니다.

그 후 의뢰인은 재혼하여 아들을 한 명 더 낳았습니다.

현재 장녀는 미국 유학중이며 용인시에 있는 친정에서 의뢰인의 모친을 모시고 다섯 식구가 생활하고 있습니다.

> 자료와 구두 설명에서 얻은 정보를 머릿속에서 다시 그려야 한다

Good

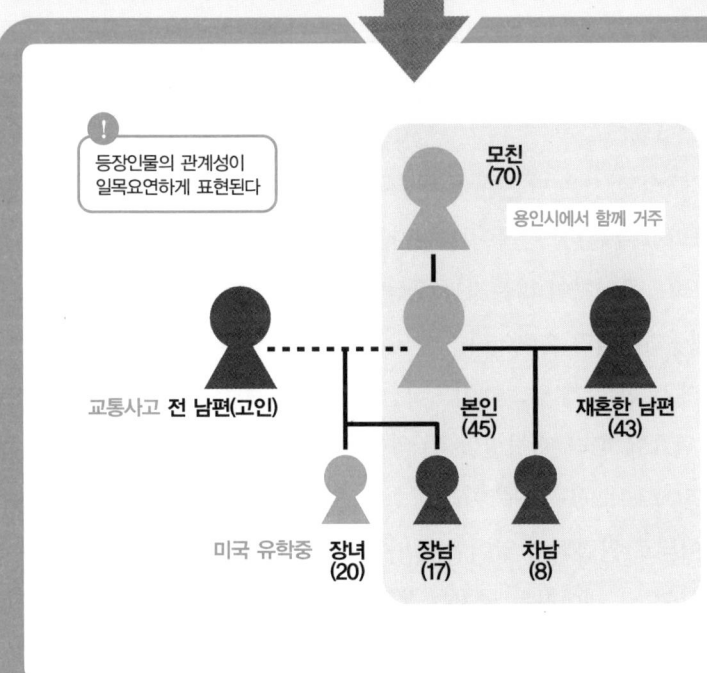

> 등장인물의 관계성이 일목요연하게 표현된다

*2 표 그리기
가로세로 분류표를 만든다

정보를 셀 안에 어떻게 배분할 것인가

상대방의 이해도를 높이는 도해의 첫걸음은 표 작성이다.

'X시는 총인구 8만 명 중 10대 이하 남자가 ○명, 여자가 ○명, 20대는 남자가 ○명, 여자가 ○명…'이라는 설명을 하는 경우를 예로 들어보자. 세로에 '연령대', 가로에 '성별'을 적은 표를 만들면 이해가 빠르다. 가로 세로의 합계는 당연히 8만 명이다. 용돈기입장이라면 세로에 날짜, 가로에 사용한 금액과 잔액을 적어 넣는다. 제품 리스트라면 가로에 제품번호, 제품명, 가격, 재고수량 등을 넣고 세로에는 제품별 정보를 넣는다. 평소에 이런 식으로 각종 정보를 표로 만드는 습관을 들이면 정보를 이해하고 전달하는 데 많은 도움이 된다.

1행 1열로 구성된 것은 단순한 문자열이지 표는 아니다. 최소 2행 2열 이상이 되어야 표라고 부른다. 항목이 늘어나면 가로 세로 칸 수를 늘리고 각각의 항목에는 무엇이 들어가야 하는지를 구상한다. 항목이나 분류 구상은 모든 사물을 분류하는 기본적인 훈련이다.

단순한 표에서 한 단계 업그레이드시킨 도해가 바로 데이터베이스다. 데이터베이스는 필요에 따라 재정렬할 수 있는 상태를 말하는데, 1행(가로 1열)을 '레코드', 1열(세로 1열)을 '항목'이라고 한다. 데이터베이스에서는 1행의 정보가 1건의 데이터로 완결되어 있어야 하며 1건의 데이터가 2행 이상에 걸치거나 위아래 항목으로 데이터를 넣지는 못한다는 원칙이 있다. 예를 들어 제품 정보라면 '제품번호' '제품명' '가격' '사이즈' '컬러' 등이 항목에 해당되고,

● 가로세로를 잘못 설정하면 큰일난다!

Bad

크리스마스 세일대상 제품목록

제품번호	10-0023	10-0024	11-0001	11-0027	12-0103	12-2789
제품명	반팔 T셔츠	긴팔 T셔츠	면 점퍼	폴리에스텔 점퍼	스포츠백	타월
가격	25,000원	30,000원	78,000원	90,000원	45,000원	15,000원
사이즈	M	M	L	L	Free	Free
컬러	레드	레드	화이트	네이비	블랙	화이트

! '항목'과 '레코드'가 반대로 설정되어 내용이 눈에 들어오지 않는다.
셀 안에 왼쪽 정렬, 가운데 정렬, 오른쪽 정렬이 혼재되어 있다

Good

크리스마스 세일대상 제품목록

제품번호	제품명	가격	사이즈	컬러
10-0023	반팔 T셔츠	25,000원	M	레드
10-0024	긴팔 T셔츠	30,000원	M	레드
11-0001	면 점퍼	78,000원	L	화이트
11-0027	폴리에스텔 점퍼	90,000원	L	네이비
12-0103	스포츠백	45,000원	Free	블랙
12-2789	타월	15,000원	Free	화이트

! 가로에 '항목', 세로에 각 '레코드'가
들어가 한결 알아보기 쉬워졌다.
행마다 색상을 넣어 이해하기가
훨씬 수월하다

! 글자는 왼쪽 정렬이나 가운데 정렬,
숫자는 오른쪽 정렬로 통일한다.

제품번호가 다른 각각의 제품별 정보가 세로 방향에 들어간다. '레코드'와 '항목'을 거꾸로 하면 데이터베이스가 아닌 단순한 글자와 숫자의 나열이 되므로 주의해야 한다.

 셀 안에 색상이나 패턴을 채워 넣어 표를 강조할 수도 있다. 번갈아 행의 색상을 달리하면 선을 긋지 않고도 행이 구분된다. 컬러 줄무늬를 넣어 강조하는 방법도 있다. 행·열 모두 무제한으로 셀을 늘릴 수는 있으나 프레젠테이션 자료에서는 그물처럼 가느다란 표는 사용하지 않는 것이 좋다. 시각으로 승부하기 위해 만드는 자료인데 눈에 띄지 않아서야 아무 소용이 없기 때문이다. 아무리 많아도 행은 10개, 열은 5개를 넘지 않도록 주의하자.

선 없는 표를 작성하여 경쟁자를 따돌리자

 '표' 하면 가로 세로로 그어진 괘선 테두리부터 떠오를 것이다. 그런데 선이 없는 표도 있다.

 프로필이나 업무 실적, 취득 자격 리스트를 한데 모아 제출해야 할 때는 MS 워드로 작성하는 것이 일반적이다. 일단 괘선 색을 투명으로 지정해서 표를 만든 뒤 1열에는 년도, 2열에는 월, 3열에 업무내용, 4열에 비고 등의 방식으로 항목을 넣는다.

 선이 없어도 표로 만들면 각 항목의 글머리 문자가 자연스럽게 왼쪽으로 정렬된다.

 한정된 공간에 글자나 도형을 레이아웃하기 위해 모눈종이를 사용하는 경우도 있는데 괘선이 없는 표가 모눈종이의 역할을 하는 것이라고 볼 수 있다.

• 투명한 선으로 만든 표라서 글자 정렬도 손쉽게

한송이 씨 자격 일람

1991년 3월 제2종 보통 자동차면허
1999년 12월 상공회의소 부기 3급
2000년 2월 MOS(Microsoft Office Specialist Word)
2002년 10월 컴퓨터활용능력 3급
2005년 7월 TOEIC 785점
2006년 3월 한자검정 2급

❗ 전체적으로 내용을 파악하기가 어렵다. 숫자도 전각과 반각이 섞여 있어 들쭉날쭉하다

한송이 씨 자격 일람

년	월	자격
1991	3	제2종 보통 자동차면허
1999	12	상공회의소 부기 3급
2000	2	MOS(Microsoft Office Specialist Word)
2002	10	컴퓨터활용능력 3급
2005	7	TOEIC 785점
2006	3	한자검정 2급

❗ 투명 괘선을 그은 표 안에 데이터가 들어 있어 연도, 월, 자격명이 가지런하게 정렬된다. 숫자도 반각으로 통일해 훨씬 보기 쉽다.

손쉽게 세련된 그래프 만드는 방법

▎나만의 오리지널 그래프를 만들어보자

표 작성에 익숙해지면 그 다음은 그래프에 도전해보자. 1장에서 언급한 '멜라비언의 법칙'처럼 인간은 50%가 넘는 정보를 시각에서 흡수한다. 글자는 한 자 한 자 읽어 내려가야 하지만 그래프는 보는 즉시 눈에 들어온다. 엑셀에 숫자가 들어간 표를 만들었다면 그래프는 식은 죽 먹기다. '그래프 마법사' 기능을 이용하면 클릭 몇 번만으로 뚝딱 그래프가 완성된다. 그래프의 종류도 꺾은선형 그래프, 세로막대형 그래프, 방사형 그래프, 표면형 그래프, 영역형 그래프 등 다양하다. 어떤 그래프를 선택할지 신중하게 검토해야 한다. 그래프에 관한 자세한 내용은 다음 항목에서 자세히 알아보기로 한다.

엑셀에서 잘 알려지지 않은 기능 중에 커스터마이즈라는 기능이 있다. 엑셀은 숫자만 입력하면 쉽게 그래프를 그릴 수 있다는 장점이 있지만 기본 설정에 전혀 손을 대지 않고 그대로 내놓는 경우가 많다. 엑셀의 기본 그래프는 색상 조합이 세련되지 못하다.

프레젠테이션이나 프로젝트마다 이미지 컬러를 정해 그래프의 색상을 고안해보도록 하자. 프레젠테이션 제출 자료는 기본적으로 주황색, 초록색, 회색이 바탕이 되며 경우에 따라서는 상대 기업의 컬러를 적용하기도 한다.

배경이나 테두리 색깔도 자유롭게 바꿀 수 있고 글꼴이나 사이즈, 테두리 종류, 테두리 선까지 바꿀 수 있으니 전체 디자인에 맞추어 바꾸어보자. 테두리가 있고 없음에 따라 그래프의 인상이 크게 바뀐다.

자세한 설명은 제6장에서 하기로 한다.

• 오리지널 그래프로 커스터마이즈

Bad

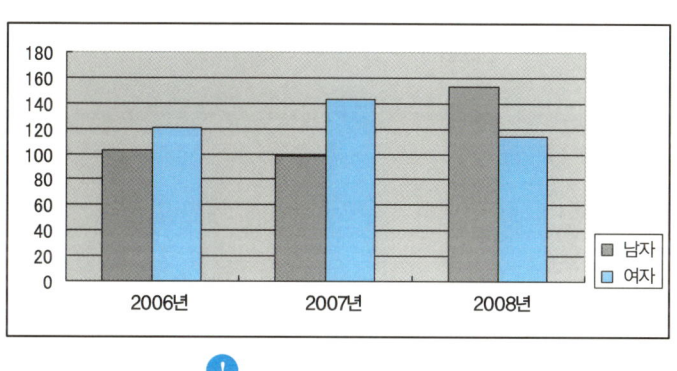

현대고등학교 진학 현황

! '남자' '여자'의 추이는 알 수 있어도 항목별 숫자는 알 수 없다

Good

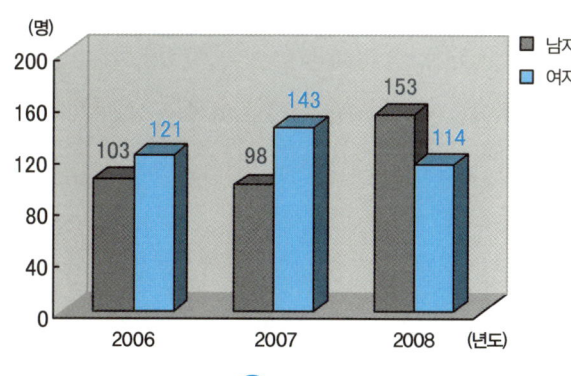

현대고등학교 진학 현황

! 입체적인 그래프로 바뀌어 더 시각적인 자료가 되었다
남녀 인원도 추가되어 훨씬 충실한 그래프가 되었다

오리지널 그래프로 차이를 부각시킨다

　색상, 선 굵기, 글꼴 크기 등은 마음대로 변경이 가능해도 수학 상의 운용룰을 건드려서는 안 된다. 데이터의 신뢰성과 직결되는 부분이기 때문이다.

　예를 들면, 꺾은 선형 그래프나 세로막대형 그래프는 X와 Y가 교차한 점이 0이다. 적용할 수치가 크다면 눈금을 0부터 균등하게 나누기 어려우므로 중간에 물결 모양의 선으로 생략기호를 넣어야 한다. X, Y 모두 단위는 필수다. 꺾은선과 세로막대의 복합그래프에서 좌우에 눈금은 있지만 어느 쪽이 꺾은선의 눈금이고 어느 쪽이 세로막대의 눈금인지 알아보기 어려울 때가 있다. 이럴 때도 식별이 가능하도록 선이나 막대의 색깔, 눈금, 단위 등의 표시방법에 변화를 준다.

　데이터를 표시하려면 숫자에 콤마가 필요하다. 콤마가 점이나 선에 걸쳐진다면 겹치지 않도록 위치를 변경하거나 사이즈를 바꾸어야 한다. 전체가 100%가 되지 않는 원형 그래프도 있다. 이런 부분을 일일이 체크하지 않으면 힘들게 만든 그래프 때문에 오히려 발목을 잡힐 수 있으니 주의한다.

　수치를 정확히 표시하지 않아도 된다면 직접 그래프를 만드는 방법도 있다.

　일단은 엑셀에서 숫자를 근거로 그래프를 만든 다음 작성된 그래프를 참고로 대략적인 일러스트를 그린다. '남녀 비율이 2:1 정도'라면 파랑색 동그라미 하나와 이에 반 정도 되는 크기의 빨강색 동그라미 두 개만 그려 넣어도 충분히 간이 그래프의 역할을 한다. 30도 정도 하향 곡선을 그리는 꺾은선 그래프라면 30도짜리 직선을 대강 그려도 내용만 시각적으로 전달된다면 큰 무리는 없다.

● 간이 그래프로 그리면 이미지 전달이 수월하다

미미초등학교 학생현황

1학년 학생 수

> ! 수치만 넣은 기본 막대그래프

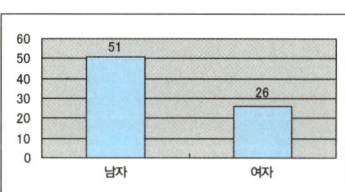

전교 학생 수 추이

> ! 수치만 넣은 기본 꺾은선 그래프

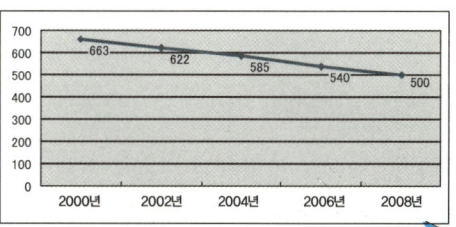

미미초등학교 학생현황

1학년 학생 수

> ! 색깔로 남녀를 구분하고 면적으로 인원 차이를 표현하니 훨씬 시각적인 자료로 탈바꿈했다

남자 51명   여자 26명

전교 학생 수 추이

> ! 감소 추이를 선의 각도로 표시했지만 꺾은선 그래프는 아니다

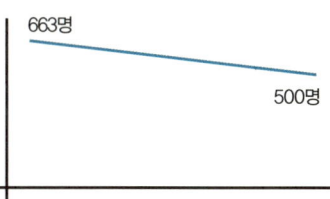

5장_ 프레젠테이션 멘토에게서 배우는 '도해' 노하우

어떨 때 어떤 그래프를 사용할까

▎'비율/전체'라면 원형그래프

대표적인 그래프로는 원형 그래프, 세로막대 그래프, 가로막대 그래프, 꺾은선 그래프, 방사선 그래프 등이 있다. 그래프를 잘못 선택하면 애써 만들어도 별 효과를 발휘하지 못하니 잘 생각해서 선택해야 한다.

원형 그래프는 구성 요소의 비율을 퍼센트로 표시하여 이를 360도로 나타내는 그래프다. 항목은 12시 자리에서 시계 방향으로 큰 항목부터 순서대로 나열하는 것이 원칙이다. 엑셀 표 단계에서 데이터가 수치가 큰 순서대로 정렬되어 있지 않으면 원칙을 벗어난 이상한 그래프가 되고 만다. 특히 유의해야 할 점은 구성 요소가 5개 이하여야 한다는 것이다. 5개를 초과하면 비중이 낮은 작은 수치의 항목들을 '기타'로 한데 묶어서 5개 이하로 만들도록 한다. 강조하고 싶은 항목은 잘라내어 튀어나오게 하거나 색상을 바꾸면 효과적이다.

항목을 비교하려면 가로막대 그래프 선택하면 된다. 가로막대 그래프는 전체 중에서 차지하는 비율이 아닌 항목의 수치만 비교한다. 가로막대는 왼쪽에서 오른쪽으로 긋는다. 강조하고자 하는 항목은 막대 색상 등을 바꾸어 눈에 띄게 한다. 엑셀에서는 자동으로 생성되니 문제없지만 직접 만들 때는 막대 사이의 간격이 막대 두께보다 넓어지지 않도록 주의한다.

막대그래프는 전체가 100%인 수치를 여러 개 비교할 때 원형 그래프보다 낫다. 세로로 항목이 두 개 이상이 되면 구성 변화를 파악할 수 있으나 전체 수치의 변화는 알 수 없다는 단점이 있다.

● 원형 그래프를 생동감 있게 활용하는 비법

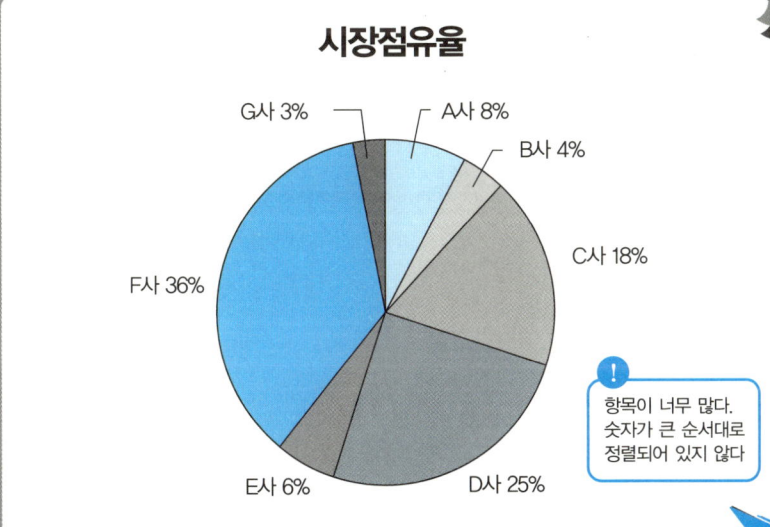

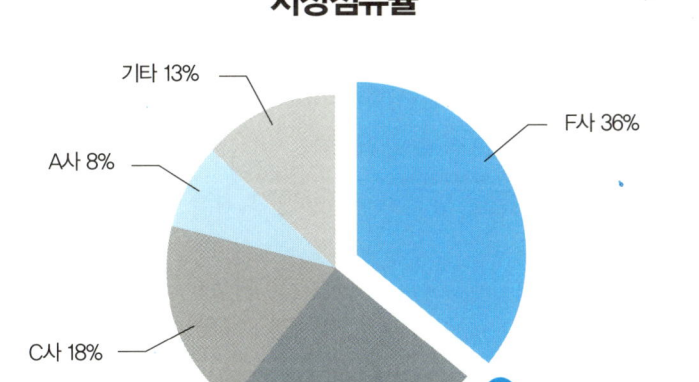

세로막대 그래프 vs. 꺾은선 그래프

시계열로 항목을 비교할 때는 세로막대 그래프나 꺾은선 그래프가 적합하다. 가로축 눈금이 10개 정도 되는 '시간'을 비교하고 싶을 때 막대그래프를 쓰면 시각적인 효과가 크다. 단, 주가나 기온변동 등 '시간' 당 눈금이 몇십 개나 필요할 때는 꺾은선 그래프가 더 효과적이다. 꺾은선 그래프는 매순간 바뀌고 앞으로도 변동이 잦은 데이터를 시각화하는 데 적합하다. 측정기를 달고 있으면 끊임없이 오른쪽 방향으로 그래프가 그려지는 심전도 데이터가 좋은 예다.

꺾은선 그래프를 그릴 때 주의할 점은 세로축, 가로축의 눈금을 결정하는 방법이다. 가령 세로축의 간격을 넓게, 가로축의 눈금 간격을 지나치게 좁게 하면 같은 상승곡선 그래프라도 기울기가 지나치게 커진다.

그밖에 '누적 세로막대형 그래프'에서는 오른쪽 페이지 아래 그림처럼 항목 안을 색깔로 구분해서 내역을 나타낼 수 있다. 막대로 인원을 나타낸다면 남녀 비율, 연령대별 구성 비율 등을 표현할 때 편리하다. 세로막대 그래프도 가로막대 그래프와 마찬가지로 막대 간의 간격이 막대의 굵기보다 넓어지지 않도록 주의하자.

마지막으로 '거미줄 차트'라고도 불리는 방사선 그래프는 3~8개 항목 정도를 비교할 때 편리하다. 성격 진단, 영양 균형, 성분 표시 등에 자주 사용된다. 중앙에서 방사선 상으로 나온 축에 수치를 기입하고, 수치끼리 연결하면 도형이 생기는 그래프로, 색깔을 넣어 더 시각적인 효과를 노리기도 한다.

- **'100% 누적 막대그래프'로 내역까지 표시한다**

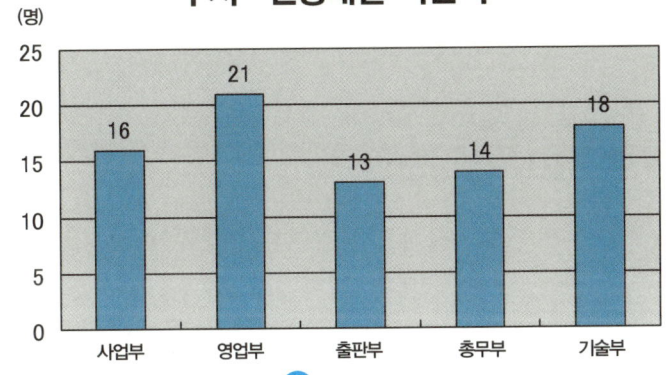

자동으로 생성된 막대그래프. 제목은 '연령대별'로 되어 있는데 연령대별 인원을 알 수 없다

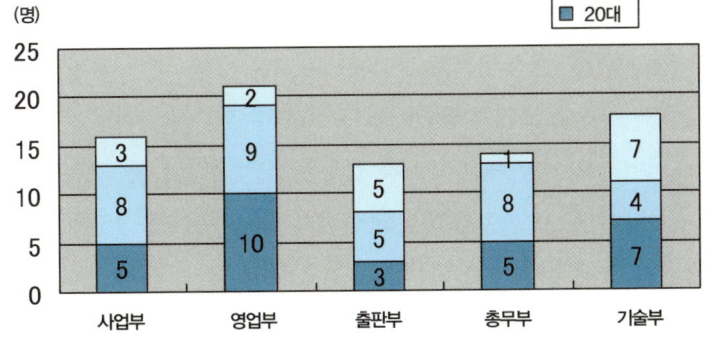

막대그래프 속에 인원을 표시해서 '부서별' '연령대별' 인원을 비교할 수 있다

✵5 일러스트
도형을 조합하여 좀 더 심도 깊게

▎유창한 말솜씨보다 힘이 센 일러스트

내가 이 책을 통해 계속 강조하고 있는 부분이 바로 '가능하면 도해로 표현하라'는 것인데, 이 도해에는 간단한 일러스트까지 포함된다. 거창하게 일러스트를 그리는 것이 아니라 비슷하게 흉내만 내도 좋다. 블록 쌓기 놀이를 떠올리면 쉽다. 단순한 모양을 조금만 조합하면 제법 도형처럼 보인다.

글자나 도형은 그룹이나 영역을 표현하는 데 좋다. 네모에 그림자 3D효과를 넣은 기둥은 건물처럼 보여 회사, 학교, 매장 등의 마크로 대용할 수 있다.

도로 표지나 신호등은 가장 대표적이고 대중적인 사인이다. 의미가 제대로 전달되지 않으면 사고가 나고 사망자가 발생할 수도 있다. 도로 표식도 마찬가지다. 초등학생 이상만 되면 누구나 그 의미를 쉽게 이해한다.

그밖에 사인의 일종으로 '픽토그램'이라는 것이 있다. 언어에 의지하지 않고 시각으로 호소하는 일러스트의 일종이다. 역, 공항, 극장, 경기장이나 회의장 등 다양한 사람이 모이는 공간에서 자주 볼 수 있다.

픽토그램이나 아이콘은 멀리서 봐도 금방 식별이 갈 수 있도록 간단한 도형을 조합해서 만든다. '선이 굵고' '모서리가 없는' 것이 특징인데 픽토그램처럼 여러 도형을 조합해서 나만의 도형을 만들어보자. 테두리만 그어서는 잘 식별이 되지 않으므로 포인트를 주기 위해서 검정 등 짙은 색으로 안을 채우는 것이 중요하다.

아이디어가 떠오를 때마다 그려서 저장해두었다가 필요할 때 사용해보자. 반복해서 사용하다보면 '이것은 ○○씨의 자료다'라고 각인시키는 효과도 있

• 말이 필요 없는 픽토그램

Bad

장애인용

비상구

! 글자를 이용한 안내나 경고는 유아, 외국인 등 글을 읽지 못하는 사람에게는 무용지물이다

금 연

차선 분기점

Good

픽토그램이나 표식

! 픽토그램이나 표식은 매우 간단한 일러스트이므로 직접 만들 수도 있다

! 빨간 동그라미에 왼쪽 위에서 오른쪽 아래로 그어진 사선은 알파벳의 'N'(=NO)을 표현한 것. 직접 만들 때는 사선이 반대가 되지 않도록 주의한다

다. 본인뿐만 아니라 부서나 회사 전체가 공유하면 침투율이 한층 높아진다.

클립아트를 활용하여 완성도를 높인다

'간단한 도형조차 그릴 시간이 없다, 센스가 없다'는 사람이라면 이미 만들어진 일러스트를 사용하면 된다.

디지털데이터 등 완성된 일러스트 모음을 클립아트라 부른다. 워드나 엑셀을 비롯한 마이크로소프트 오피스 제품에는 정규사용자가 자유롭게 사용할 수 있는 클립아트 모음이 들어 있다. 또한 마이크로소프트 오피스 제품의 '클립 온라인' 기능을 이용하면 인터넷상에 만 개 이상(2008년 5월 현재)의 풍부한 클립아트를 무료로 다운받을 수 있다.

이동한 웹사이트에서 키워드를 검색하면 클립아트 후보가 표시된다. 그것을 다운로드해서 컴퓨터에 저장해두었다가 필요할 때 불러내 쓰면 편리하다. 직장이나 업종을 바꾸지 않는 한 업무에 사용되는 일러스트에 그리 큰 변화는 없을 테니 자주 사용하는 일러스트는 폴더별로 분류해서 잘 보관해놓자.

마이크로소프트의 클립아트는 미국제품이기 때문에 우리나라 고유의 풍습이나 문화에는 맞지 않는 것들이 많으니 선택을 잘 해야 한다. 크리스마스나 할로윈 관련 일러스트는 많아도 우리의 고유 명절에 딱 맞는 것은 없다. 그럴 때는 일러스트를 분해한 뒤 분해한 그림의 일부를 조합해서 새 일러스트를 고안하면 처음부터 백지에 그리는 것보다 훨씬 빠르다. 물론 이때에도 저작권 문제는 충분히 유의하도록 하자.

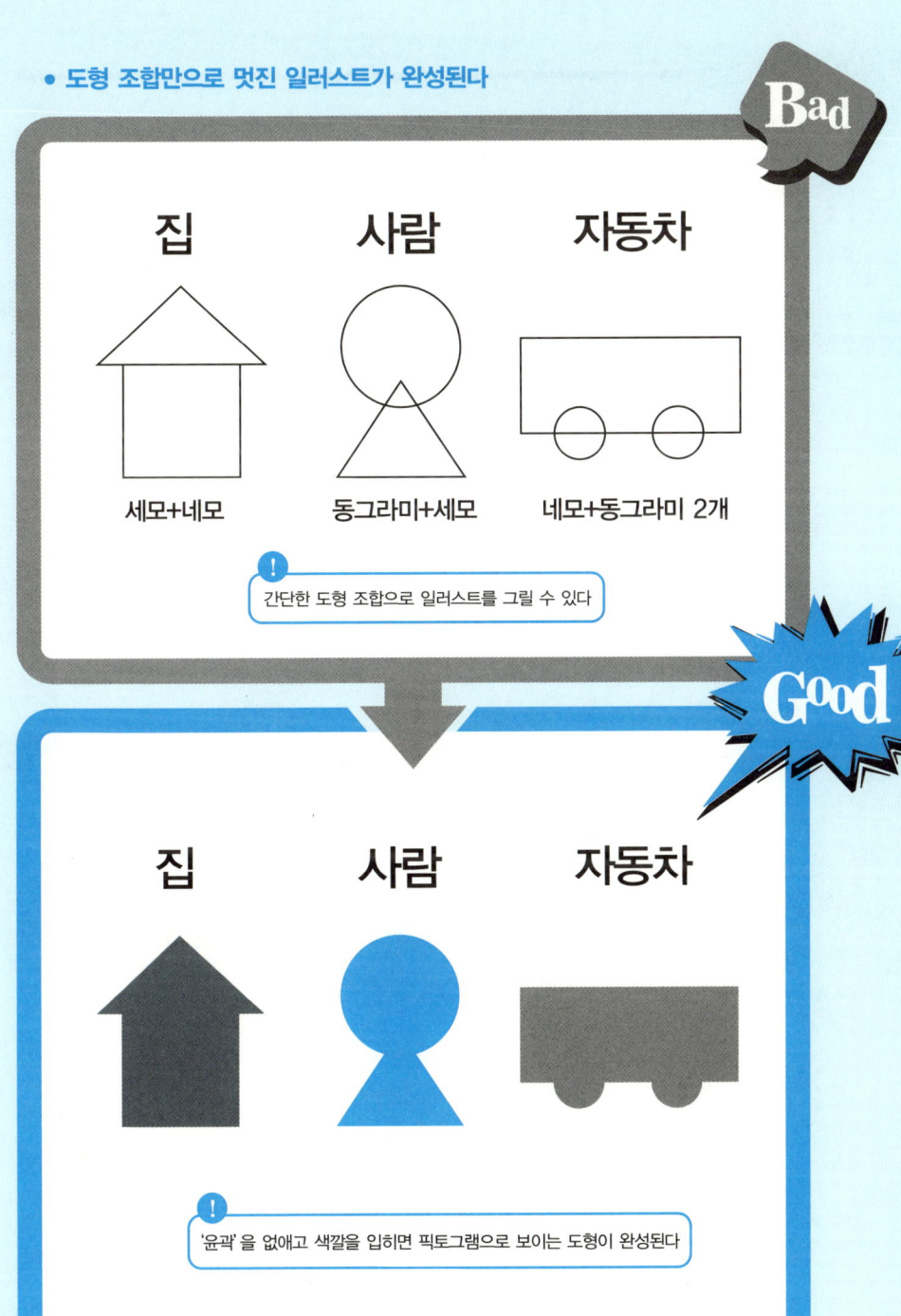

*6 사진
현실감을 표현하는 사진 촬영법

▍백문이 불여일견

시각에 호소하는 방법으로 그래프나 일러스트도 나름대로 효과가 있겠지만 사진만큼 효과가 큰 것은 없다. 한라산을 설명하는 데에 '우리나라에서 가장 높은 산이며 11월이 되면 눈이 쌓이고…' 하고 구구절절 설명하는 것보다 사진을 보여주는 편이 훨씬 빠르다.

이미지사진과 같이 설명 내용에 가까운 것이라도 좋다. 구글 검색 사이트의 이미지검색(http://images.google.co.jp/)에서 키워드를 입력하면 원하는 이미지를 검색할 수 있다.

저작권 문제가 마음에 걸린다면 앞서 언급한 무료로 배포하는 마이크로소프트사의 '클립온라인' 기능을 이용하면 문제없다.

그밖에도 시중에 판매되는 CD-ROM 형태의 이미지 사진 모음집에서 찾는 방법도 있고 이미지사진을 대여하거나 판매하는 회사 웹사이트에 들어가는 방법도 있다.

사진관처럼 스크린을 제작해서 촬영

다만 사진에도 한계가 있다. 그럴 때는 상품 실물, 부동산 현장, 요리 메뉴 등 직접 촬영하는 것이 가장 빠르다. 디지털카메라가 없다면 휴대전화 카메라로 찍어도 괜찮다. 프레젠테이션 자료는 A4 사이즈가 대부분이니 몇 가지만 주의한다면 휴대전화 카메라로도 충분하다.

● 사진을 넣으면 설명이 필요 없다

Bad

숲속의 타워 힐즈 1703호
'욕실 full change'
마음에 쏙 드는 욕실 설비

💬 실내 곳곳에 어린이와 노인을 위한 배려

● **인터폰**
외판원을 식별하는 모니터형 인터폰. 에어컨이나 욕실의 ON/OFF도 모니터에서 예약 가능

● **화장실**
비데, 온수 샤워 완비. 별도 남성 전용 화장실과 세면대 설치. 책장이나 취미 장식장을 비치한 여유로운 공간

● **욕실**
샤워 부스 설치, 24시간 급탕 가능한 일체형 욕실. 실내 건조 시스템 완비

Good

숲속의 타워 힐즈 1703호

'욕실 full change'
마음에 쏙 드는 욕실 설비

인터폰
에어컨, 욕실 예약도 모니터로 가능

화장실
남성 전용 화장실, 비데 완비

욕실
24시간 급탕 가능 실내 곳곳에 어린이와 노인을 위한 배려

가장 주의해야 할 점은 되도록 배경 없이 찍어야 한다는 것이다. 인물이면 벽을 배경으로, 상품이라면 주변에 널려 있는 잡동사니를 치우고 책상에 무늬 없는 천이나 시트를 깔고 찍어야 한다.

사진가가 촬영한 것처럼 보이게 하는 비법도 있다. '호리즌'이라는, 벽면과 바닥면을 이은 스크린을 직접 제작하는 것이다. 달력 뒷면 등 흰 종이를 벽에 붙인 다음 테이프나 압정으로 고정하고 바닥까지 흘러내리게 한 뒤 그 위에 피사체를 놓기만 하면 된다. 사진작가가 작은 물체를 촬영할 때 자주 쓰는 단순한 방법이지만 의외로 놀라운 효과를 발휘한다.

아마추어라도 플래시와 상품을 놓는 위치 정도만 주의해도 얼마든지 멋진 사진을 찍을 수 있다.

촬영한 사진은 컴퓨터에 전송한다. '그림판'이라는 그림소프트웨어 ('시작'—'프로그램'—'보조프로그램'—'그림판')를 사용하면 확대·축소, 회전, 글 삽입 등이 자유자재로 가능하다. 워드나 파워포인터에 붙여 넣은 후에도 크기, 명암, 밝기 등 조절이 가능하며 화살표나 말풍선 등을 추가할 수도 있다.

음식을 먹고 있는 아이 사진에 "우와, 정말 맛있어요!"라는 말풍선을 달면 진짜로 맛있어 보인다. 사진과 글자, 기호를 조합하면 현실감을 크게 높일 수 있으니 꼭 활용해보기 바란다.

언제 어디서 좋은 사진을 발견하게 될지 모르니 휴대전화는 언제나 '휴대' 하도록 하자.

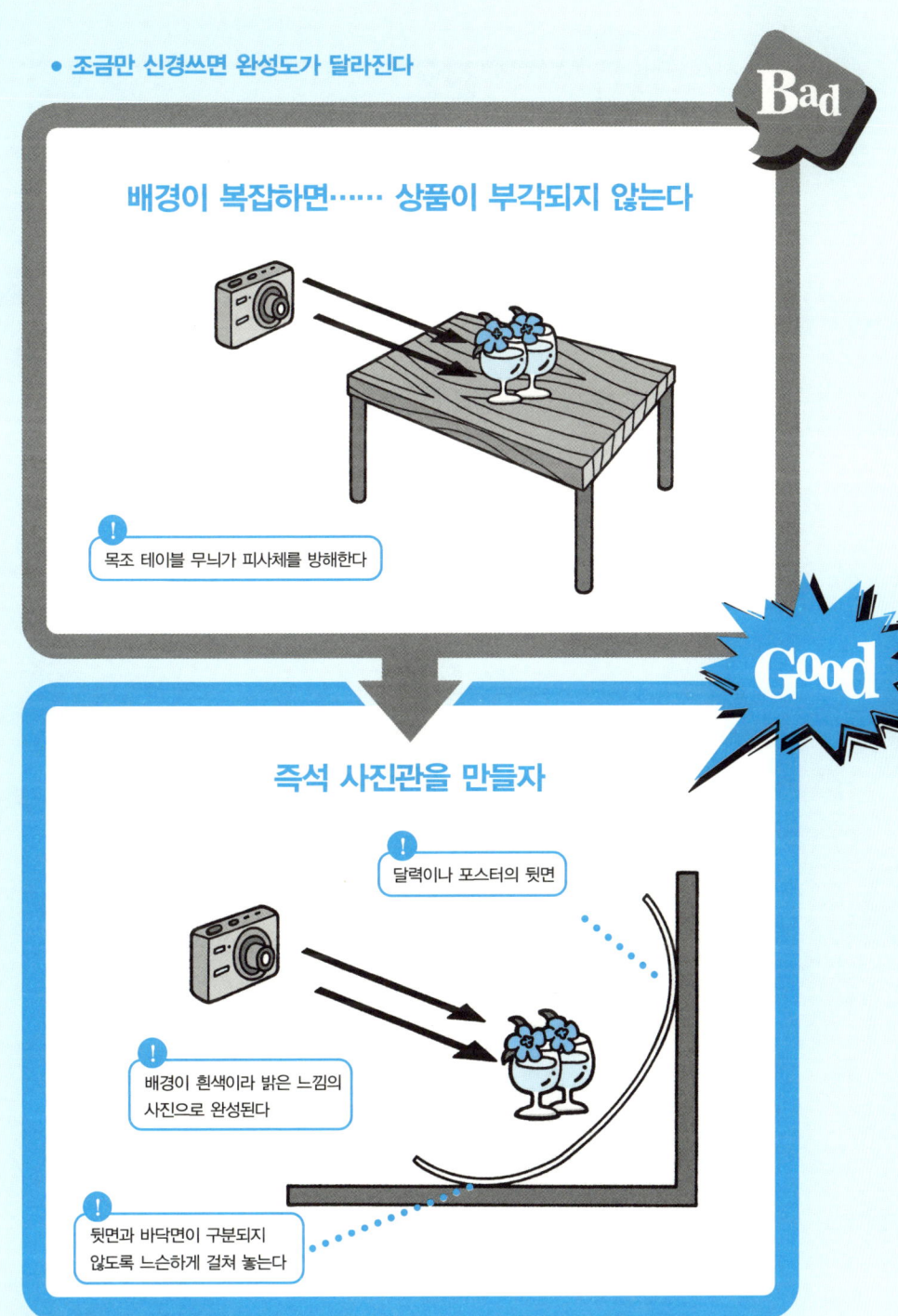

*7 화면 캡처
화면을 보여주면 이해가 빠르다

▎화면 캡처 삽입 방법

대개 컴퓨터 프로그램이나 인터넷 활용방법에 대해 설명할 때 '왼쪽 위의 네모난 버튼을 누른 후 화면이 뜨면 상세 탭을 열어서…'라고 친절하게 말을 해도 상대방이 잘 알아듣지 못할 때가 많다. 듣는 이의 수준에 따라서는 버튼이 도대체 무슨 버튼을 말하는지 찾지 못하는 경우도 있다. 그럴 때는 백문이 불여일견이다. 컴퓨터에 나타난 화면을 그대로 캡처해서(불러들여) 보여주면서 설명하는 것이다.

컴퓨터 조작 설명서에는 수많은 조작화면이 등장한다. 그런 화면은 업체나 시스템관계자 등 특별한 사람만 다룰 수 있는 것으로 생각하는 사람도 있는데, 실은 누구나 쉽게 불러들일 수 있으며 특별한 도구도 필요 없다.

우선 필요한 화면을 연다(모니터 가장 상단의 바가 짙은 파랑색으로 되어 있는 상태). 그런 다음 키보드 상단에 있는 PrtScreen SysRq 버튼을 누른다. 그리고 그림판이라는 일러스트 그리기 소프트웨어를 가동시켜 ('시작'—'모든 프로그램'—'보조프로그램'—'그림판') 새 파일에 붙여넣기하면 화면 캡처가 완료된다.

캡처된 화면의 확대나 축소는 네 모서리를 드래그하면 간단하게 해결되고 화면 속 툴바가 필요 없다면 트리밍 기능을 이용해서 잘라내면 된다.

▎화면 캡처를 효과적으로 보여주는 방법

화면 캡처는 인터넷상의 웹사이트를 소개할 때도 매우 유용하다. 기업이나

• 조작 설명에 안성맞춤인 화면 캡처

Q15 : 셀 안의 글자를 세로로 표시하고 싶을 때는?

STEP 1 세로로 표시하고 싶은 셀을 골라 툴바의 '서식' → '셀'을 선택한다.

STEP 2 '맞춤' 탭을 누르고 오른쪽에 있는 '방향' 아래의 빈칸에 90을 입력한다.

STEP 3 가로쓰기 항목이 세로쓰기로 바뀌었다.

! 글자만으로 이루어진 설명으로는 도무지 이해하기가 어렵다

Q15 : 셀 안의 글자를 세로로 표시하고 싶을 때는?

STEP 1 세로로 표시하고 싶은 셀을 골라 툴바의 '서식' → '셀'을 선택한다.

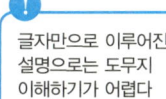

STEP 2 '맞춤' 탭을 누르고 오른쪽에 있는 '방향' 아래의 빈칸에 90을 입력한다.

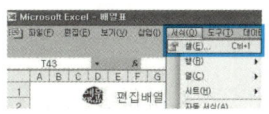

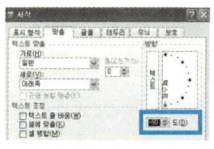

STEP 3 가로쓰기 항목이 세로쓰기로 바뀌었다.

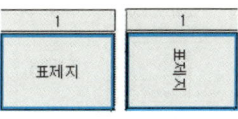

! 조작 화면의 해당 부분을 표시해서 설명하면 한층 이해하기 쉽다

단체, 학교 소개에서 홈페이지 메인 페이지를 이미지 화면으로 쓰는 경우도 적지 않다.

단, 타 기업이나 단체 사이트 이미지를 무단으로 사용해서는 안 된다. 저작권법에 따라 무단전제가 금지되어 있기 때문이다. 최소한 이미지 옆에 '출처 : ○○사 홈페이지', '출처 : ○○부 언론 공개 페이지' 등의 설명을 덧붙여야 한다. 공개적으로 사용하고자 할 때는 관련 기관에 '어떤 장면에서 어떤 목적으로 사용하고자 한다' 고 사전에 신청을 해야만 한다.

캡처한 화면을 프레젠테이션 자료에 붙여 넣을 때 유용한 팁 몇 가지를 알아보자.

화면에 테두리만 넣어도 느낌이 확 사는 경우가 많다. 표준 색상은 검정이지만 빨강색이나 초록색 등 마음에 드는 색상으로 선 굵기, 종류 등을 바꿀 수 있다. 검정이 너무 강해 보인다면 회색을 써도 좋다.

화면에 그림자를 넣어 사진 앨범에 종이를 댄 듯한 느낌을 주는 방법도 있다. 한 페이지에 캡처화면을 여러 개 레이아웃할 때는 확대·축소나 트리밍 기법으로 각 화면의 사이즈와 상하좌우의 비율을 맞추면 전체가 깔끔하게 정돈된다.

이러한 작업을 통해 이미지를 대량으로 붙여 넣은 자료(IT관련 설명 자료 등)는 용량이 굉장히 커진다. 인쇄로 제출할 경우에는 문제가 없으나 상대방이 데이터로 달라고 할 때는 PDF파일(232쪽 Point Check 참조)로 변환하거나 데이터를 압축해서 보내는 등의 배려가 필요하다. 메일로 송부한다면 미리 용량을 알려주는 것이 좋다.

● 화면 캡처는 정성을 들인 만큼 효과도 커진다

Bad

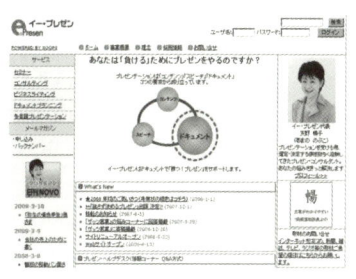
저자가 운영하는 〈이·프레젠〉 홈페이지

도서출판 예문 홈페이지

! 화면 캡처를 잘라낸 상태 그대로 붙인 이미지. 강약이 없다

Good

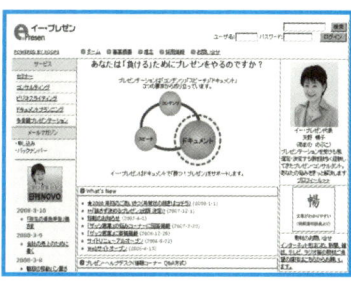
저자가 운영하는 〈이·프레젠〉 홈페이지
www.11epresen.co.kr

도서출판 예문 홈페이지
www.yemun.co.kr

! 배경이 흰색이나 엷은 색인 경우 테두리에 괘선을 넣는다

! 그림자까지 입혀 입체적으로 표현. URL을 적어두면 방문할 가능성이 높아진다

5장_ 프레젠테이션 멘토에게서 배우는 '도해' 노하우 167

*8 기사 활용
언론의 도움을 받는다

도움이 될 만한 기사는 반드시 기재한다

사람들이 줄을 서는 식당 입구에는 흔히 TV 출연 화면이나 신문, 잡지의 인터뷰 기사가 붙어 있다. 연예인과 함께 찍은 기념사진이 큼직하게 걸려있는 경우도 있다. 지나가던 사람들에게 알리기 위해서다. 우리는 일반적으로 '잡지나 TV에 나올 정도면 굉장히 맛있는 집인가 보네' 하고 생각하는 경향이 있다.

만약 자사의 상품·서비스 등이 언론에 호의적으로 소개된 적이 있다면 프레젠테이션 자료에 반드시 실어야 한다.

직접적인 도움이 아닌 간접적인 도움을 받을 수도 있다. 방범시스템에 관한 프레젠테이션 자료를 만든다면 여러 신문에 보도된 '좀도둑 피해 추이'나 '진화하는 방범시스템' 등 관련기사를 기재해 힘을 싣는 것이다.

관공서 발표 자료도 좋은 데이터다. '인터넷이 비약적인 신장세를 보이고 있다' 라고 말하는 것보다 행정기관에서 발표한 과거 10년 간 인터넷 이용자 수 추이 같은 자료를 그래프를 만들어 보여주는 것이 훨씬 설득력이 있다.

언론보도 모음집이나 참고 자료집을 별도로 모아 건네는 방법도 있다. 그러므로 평소에 관련 정보를 스크랩하는 습관이 중요하다. 매번 스크랩하기가 번거롭다면 날짜나 신문 이름만이라도 적어두어야 나중에 기사를 찾아 쓸 수 있다.

웹 사이트로 유도하여 동영상을 보여준다

기사를 자료에 삽입하고자 할 때는 신문, 잡지 등의 실물을 스캔(이미지 삽입)

• 그래프 + 언론 기사로 설득력 향상

47년 G의 역사, 세계 속의 위치

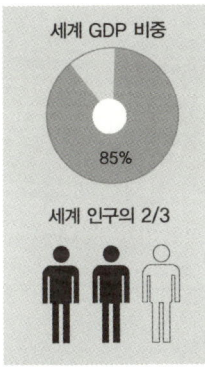

문자정보만 나열하고 있다

47년 G의 역사, 세계 속의 위치

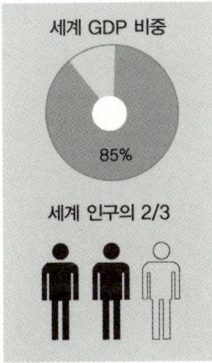

자료: 〈매일경제신문〉 2009.9.26일자

신문기사가 자료에 힘을 실어준다

5장_프레젠테이션 멘토에게서 배우는 '도해' 노하우　169

하여 이미지파일을 만든다. 판독이 가능한 크기라면 디지털카메라로 촬영한 것을 사용해도 좋다. 둘 다 여의치 못할 때는 인쇄소에 가서 스캔을 의뢰한다. 별로 비싸지도 않으니 프로에게 맡기는 편이 속 편하다.

신문 한 면을 그대로 스캔하는 것이 아니라 관련 부분만 칼로 깨끗하게 오려내어 스캔한다.

앞에서 말한 화면 캡처와 마찬가지로 언론기사도 무단 전제가 금지되어 있다. 판매가 목적이 아니라면 눈감아줄지도 모르지만 'ㅇ년 ㅇ월, 어느 매체에 개재된 내용'이라는 설명을 기사 옆에 반드시 기재해야 한다.

기사는 물론 웹사이트의 URL을 병기해두는 것도 효과적이다. 관계자가 사이트를 방문하면 한층 자세한 언론 정보를 열람할 수도 있고 웹사이트에 올라와 있는 동영상을 볼 수도 있다.

TV는 저작권 시비가 많은 매체이므로 방송된 녹화 데이터를 PR용으로 공개하기는 어렵다. 그러나 자사의 경영진이 참가한 행사 장면이나 강연 장면은 문제가 되지 않는다. 수상하는 장면이나 유명 인사와 함께 있는 장면이 있다면 놓치지 말고 이용하도록 하자.

검색 사이트에 자사 제품 및 회사소개 기사나 인터뷰 장면이 실렸다면 화면 캡처 기능을 활용해 소개하도록 한다.

• 언론 기사를 효과적으로 활용하는 방법

Bad

게재 기사 소개 (나쁜 사례)

! 내용은 알겠으나 언제 어떤 매체에 소개되었는지 불분명하다. 기사의 어디를 주목하기를 바라는지도 알 수 없다

Good

게재 기사 소개 (좋은 사례)

! 신문이나 잡지의 표지나 제목을 레이아웃하면 좀 더 생동감이 느껴진다. 그렇게 하는 것이 어렵다면 출처와 날짜를 눈에 띄게 넣는다

! 강조하고 싶을 때는 컴퓨터상에서 '테두리'나 '밑줄' 작업을 한다

! 기사 주변을 '괘선'으로 테두리를 쳐 강조한다

〈매일경제〉 2009.8.22일자

Point Check
프레젠테이션 차별화 전략 5

남과 다른 방법으로 승부하라

아무리 아이디어로 승부하는 세상이 되었다지만 비즈니스 매너를 무시해서는 안 된다. 특히 평가에만 연연한 나머지 자기 것이 아닌 이미지를 멋대로 도용했다가는 큰 코 다친다.

에디슨이 노력한 것처럼 세기의 발견까지 하지 않아도 좋다. 있는 것을 조합하거나 용도를 바꾸기만 해도 얼마든지 새로운 것을 만들어낼 수 있다. 어쩌면 그것이 기업 최초, 우리나라 최초, 세계 최초가 될지도 모른다.

언젠가 중요한 자료를 정리하면서, 테두리를 치고 그 안에 글자를 써넣은 다음 칼로 잘라 뒷표지에 붙였더니 후배가 금방 따라하는 것이 아닌가? 그제야 내가 하는 일이 특별한 일임을 깨달았다. 별것 아닌 것 같아도 라인에 맞추어 붙이기만 해도 깔끔한 뒷표지가 완성된다. 파일에 넣어 자료를 제출하는 것만으로도 '과연 다르군' 하는 인상을 심어줄 수 있는 것이다.

대량으로 우편물을 보낼 때는 요금 별납 우편이 가장 손쉬운 방법이겠지만, 좀 수고스럽더라도 기념우표를 붙여 보내거나 싸구려 서류 봉투가 아닌 고급스러운 봉투를 사용하는 것은 어떨까? 사소한 것도 그냥 넘기지 말고 평소 관찰하는 습관을 들여보자. 작은 아이디어가 모여 큰 힘을 발휘하는 법이다.

시간을 낭비하지 말라!

그대는 인생을 사랑하는가? 그렇다면 시간을 낭비하지 말라.
왜냐하면 시간은 인생을 구성하는 재료니까.
똑같이 출발했는데, 세월이 지난 뒤에 보면 어떤 사람은 뛰어나고 어떤 사람은 낙오자가 되어 있다.
이 두 사람의 거리는 좀처럼 접근할 수 없는 것이 되어 버렸다.
이것은 하루하루 주어진 시간을 잘 이용했느냐, 아니면 허송세월을 보냈느냐에 달려 있다.

— 벤자민 프랭클린

PART 06

입사 3년차의 프레젠테이션
P R E S E N T A T I O N

프레젠테이션 멘토에게서 배우는 디자인 노하우

✱1 배색
상대방에게 어필하는 그래픽은 3색 디자인

▎흰색, 검정색 외에 3색 이내로

'시각적으로 주목을 끄는 것이 중요하다'고 강조하면 대부분의 사람들이 무조건 색깔을 많이 사용하려 든다. 심지어 무지개색깔에 검정 테두리를 넣은 화려한 표제를 본 적도 있다. 강조하고 싶은 마음이야 이해가 가지만 중구난방으로 색을 썼다가는 오히려 역효과임을 명심하자. 사용하는 색상은 3색 이하가 기본이다.

작업 마지막 단계에서는 컬러를 너무 많이 사용하지 않았는지 살피고 너무 많다고 느껴지면 색상수를 줄여야 한다. 색상을 줄일 수 있느냐 없느냐가 프로와 아마추어를 나누는 잣대가 될지도 모르겠다.

만약 '빨강색, 파랑색, 초록색'을 선택했다면 분홍색, 노랑색은 쓰지 않는 것이 좋다. 종이가 '흰색'이고 글씨가 '검정색'이니 실질적으로 사용된 색상은 벌써 5가지나 된다. 여기에 '엷은 빨강' '보라색에 가까운 파랑색' '연두색 톤의 초록색'과 같이 기본색에 근접한 색깔을 이용하면 '빨강색, 파랑색, 초록색'이라는 기본 톤을 흐트러뜨리지 않고 변화를 줄 수 있다.

'붉은색 계열은 표제에' '파랑색 계열은 선에' 라는 식으로 사용위치를 정해두면 내용도 함께 정리된다. '빨강색' 이라 해도 무조건 진한 빨강이 아니라 농도를 좀 낮춘 엷은 빨강이나 그라데이션으로 명암도 넣을 수 있으니 3가지 색만으로도 충분히 커버할 수 있다.

나중에 자료가 흑백으로 복사될 가능성을 고려한다면 연한 노랑색이나 분

• 색상 수를 최소한으로 한다

Bad

실험성과 보고서

기술 본부 실험부
김연이

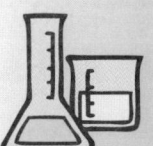

짙고 화려한 색은 과학적인 보고서와 어울리지 않는다

Good

실험성과 보고서

2009년 10월 6일

기술 본부 실험부
김연이

바탕이 흰색이라서 내용이 부각되어 보인다

홍색과 같은 옅은 색은 위험하다. 애써 선택한 색이 모두 흰색이 되어버리기 때문이다. 색상 조합을 연구할 때는 세계 각 국의 국기를 참고하면 된다. 멀리서 보아도 눈에 확 띈다.

지속적으로 같은 색을 사용하면 '나만의 CI'

프레젠테이션 자료를 제출하게 될 회사에 기업 컬러가 있다면 그 색상을 바탕으로 해보라. 훼미리마트는 '연두색, 하늘색, 흰색', 타워레코드는 '노랑색, 빨강색' 등등. 마크나 로고에는 엄밀히 색상이 정해져 있지만 비슷한 색을 쓰는 것만으로도 매우 호의적으로 받아들여질 수 있다. 상대방 눈에 익은 색상이라 긍정적인 반응을 얻어낼 확률도 높아진다.

그런 경우가 아니라면 나름대로 오리지널 컬러를 정해두는 것도 좋다. 우리 회사 〈이·프레젠〉의 기조 컬러는 '주황색, 흰색, 회색'이다. 기조 컬러가 없는 개인이라면 '초록색' '스카이블루' 등 자신의 색을 정해놓고 늘 같은 컬러를 이용해보는 것도 좋은 방법이다. 상대방은 색깔만 보고도 '아, 그 회사구나' '이 자료를 만든 사람은 아마노 씨구나' 하고 알아본다. 한번은 담합 등의 의혹 때문에 회사명을 넣지 말아달라는 조건이 붙은 입찰에 참여한 적이 있다. 그래도 우리 회사가 제출한 자료는 늘 사용하던 기조 컬러가 있기에 상대방이 우리 회사가 제출한 자료라는 것을 금방 알아본 모양이다.

카피라이터로 활약하고 있는 한 지인이 공모전에 응모했을 때도 비슷한 일이 있었다. A4 용지에 카피 문구를 하나 적어 제출한다는 조건을 지킨다면 응모 건수에는 제한이 없다기에 그는 2,000개가 넘는 카피 문구를 모두 크림색 용지에 적어 제출했다고 한다. 똑같은 크림색 종이가 2,000통이 넘게 쌓이자 크게 주목받았다고 한다. 그게 효과가 있었는지 그는 상위권에 입상했다.

● 색상 수를 최소한으로 한다

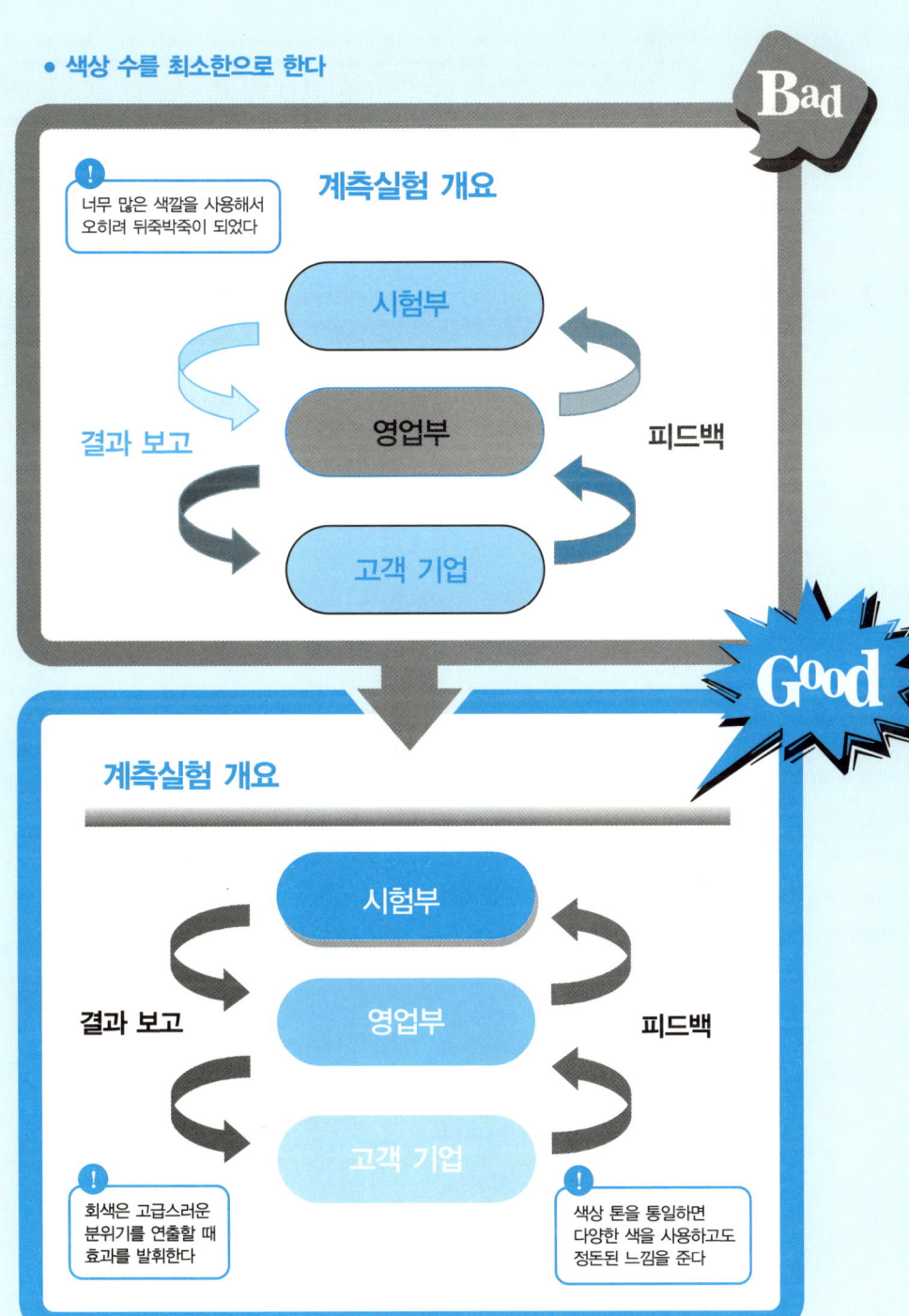

*2 선
선의 굵기와 종류에 변화 주기

▌기호나 아이콘으로 변신할 수 있는 선

도해에서 빠질 수 없는 것이 바로 '선'이다. 선이나 테두리도 굵기, 종류, 색상을 자유롭게 설정할 수 있다. 이런 개별 설정 기능을 활용해서 어떤 회사에서는 파워포인트로 선을 그릴 때나 도형을 그릴 때 두께 9포인트, 초록색 실선을 사용하라고 아예 정해놓았다고 한다. 선에 기호를 붙이면 방향도 표시할 수 있다. 물론 점선이나 물결선으로 바꿀 수도 있다.

선은 그만큼 활용도가 높은 아이템이다. 그럼에도 선은 그냥 긋고 끝내는 경우가 많아 안타깝다. 시작점에서 여기를 보나 저기를 보나 같은 선의 연속이라면 너무 심심하지 않은가? 아주 오래 전에 "왜 시계는 옷을 갈아입지 않나요?"라고 말하는 손목시계 광고를 본 적이 있는데, "왜 선은 옷을 갈아입지 않나요?"라고 외치고 싶은 심정이다.

선을 굵게 그으면 장방형이 된다. 길이를 줄이면 정방형이 되니 손쉽게 아이콘이나 기호로도 변신이 가능하다. 이중선은 긋는 순간 선로나 도로가 된다. 테두리 선을 점선으로 해서 눈에 안 띄게 할 수도, 굵게 해서 눈에 띄게 할 수도 있다. 절취선도 점선으로 표현이 가능하다.

그림자나 3D 효과도 추가할 수 있다. 그은 선에 그림자를 넣기만 해도 색상이 다른 선이 똑같은 길이로 생겨난다. 폭이 좁은 그림자는 선을 강조하는 효과가 있으므로 제목 밑에 그어 입체적으로 표현하고자 할 때 효과적이다. 굵은 선을 3D로 만들면 높이가 낮은 장방형이 완성된다. 채우기 기능으로 물방울, 벽돌, 체크무늬를 넣으면 완전히 다른 모양으로 변신한다.

• 다양한 선의 종류

하반기 체육대회 안내

2009 하반기 체육대회 일정이 다음과 같이 결정되었습니다.
참가 희망자는 참가비와 함께 신청서를 제출해주시기 바랍니다.

> 선을 표준 포맷으로 긋기만 한 상태

10월 15일(금) 서울역 집합 —KTX— 22:00~ 부산항 출발 —페리호— ~06:00 제주항 도착
10월 16일(토) 08:00 펜션 '또올레' 체크인
                09:00~12:00 연습, 몸풀기   13:00~ 남녀 혼합복식 (리그)
                19:00~ 바비큐 파티
10월 17일(일) 09:00~12:20 관광
                12:30 제주항 출발 —페리호— ~20:30 부산항 도착 —KTX— ~23:10 서울역 도착

참가비 70,000원과 함께 신청합니다.
소속 :   사업부   부   과
성명 :
보험증 번호 :
         신청 후에는 환불할 수 없으니 양해바랍니다.

문의
대표간사 홍길동
예문컨설팅 테니스동호회
(영업본부 영업추진부 경리과)
내선 0123

▌하반기 체육대회 안내 ▌

8월 정례 하기 합숙 일정이 다음과 같이 결정되었습니다.
희망자께서는 참가비와 함께 신청서를 제출해주시기 바랍니다.

10월 15일(금) / 서울역 집합 —KTX— 22:00~ 부산항 출발 ══페리호══ ~06:00 제주항 도착
10월 16일(토) / 08:00 펜션 '또올레' 체크인
                   09:00~12:00 연습, 몸풀기   13:00~ 남녀 혼합복식 (리그) ⚓✝
                   19:00~ 바비큐 파티
10월 17일(일) / 09:00~12:20 관광
                   12:30 제주항 출발 ══페리호══ ~20:30 부산항 도착 —KTX— ~23:10 서울역 도착
         ⚲ 버스 정류장 집합, 시간 엄수

참가비 70,000원과 함께 신청합니다.
소속 :   본부   부   과
성명 :
보험증 번호 :
         신청 후에는 환불할 수 없으니 양해바랍니다.

문의
대표간사 홍길동
예문컨설팅 테니스동호회
(영업본부 영업추진부 경리과)
내선 0123

> ❗ 색깔, 굵기, 선 종류를 바꾸어가며 시각적 효과를 높였다

버스 정류장이나 아령도 선으로 그릴 수 있다

선은 실로 다양하게 활용할 수 있는 아이템이다.

가장 흔하게 이용할 수 있는 방법은 자료 상단의 머리글 부분, 본문 영역, 아랫단의 꼬리말 부분의 구획을 나눌 때 사용하는 것이다. 선의 굵기만 바꾸어도 훌륭한 디자인이 된다. 수직선은 사용하는 경우가 드문데 선을 세로 방향으로 굵게 그어 글머리기호처럼 사용할 수 있다. 물론 다양한 각도로 기운 선도 활용도가 높다.

선이 할 수 있는 일은 이밖에도 무궁무진하다. 시작점과 끝점의 디자인을 바꾸어 전혀 다른 사물로 보이게 할 수도 있다. 위에서 아래로 짧은 선을 그은 뒤 시작점에 ●를 붙이면 시침핀이 된다. ●를 크게 키우면 풍선이나 버스정류장이 되고 여기에 사선을 두 줄 그으면 사람으로도 변신한다. 파란 선은 남성, 빨간 선은 여성이다.

끝점에도 ●를 달면 바통, 아령으로 변신한다. 굵고 빨간 선을 두 개 긋고 ▲를 가운데 두 개 붙이면 리본이 달린 머리띠가 된다. 네모 안에 같은 길이의 선을 평행하게 몇 줄 그으면 서류가 완성된다. 선으로 그림 그리기에 익숙해지면 선을 긋는 것이 즐거워진다.

● 선과 화살표를 이용해 일러스트를 그린다

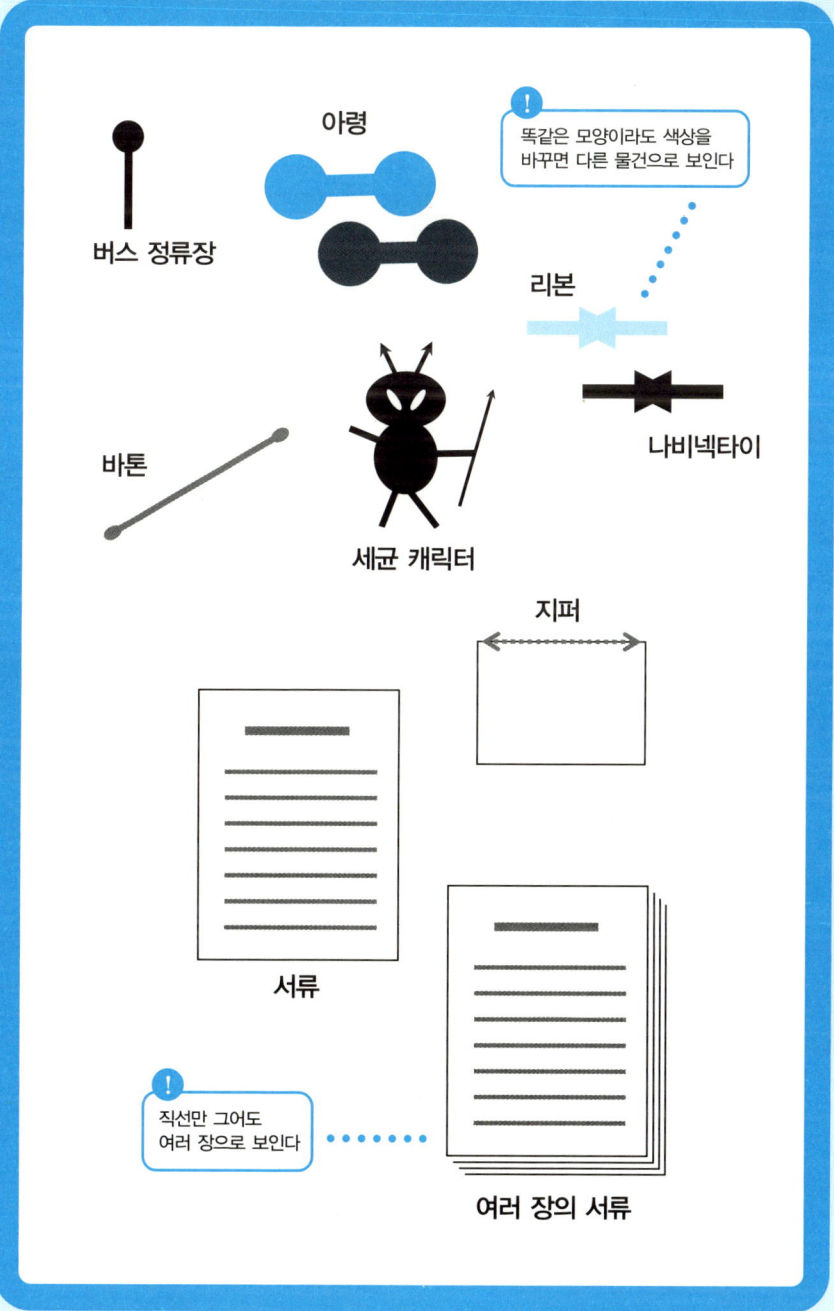

*3 배경과 여백
무늬로 가득 찬 배경은 절대 금물!

▌배경을 잘못 선택하면 내용도 엉망이 된다

▌파워포인트에는 프레젠테이션을 위한 디자인 템플릿이 많이 들어 있다. 3차원적인 디자인에서 계절 분위기를 살린 디자인에 이르기까지. 그러나 다양한 무늬가 아낌없이 들어간 배경일수록 사용에는 주의가 요구된다.

무늬와 글자가 겹치거나 짙은 배경색 위에 짙은 색 글자가 겹치면 내용을 못 알아보기 십상이다. 그래프나 일러스트 디자인이 망가지는 경우도 있다. 그뿐만이 아니다. 자료를 인쇄했을 경우, 온통 검은색 투성이가 되어 정작 중요한 글자나 데이터가 사라져버린 황당한 예도 있다.

프린터에 따라서는 전면인쇄가 안 돼 용지둘레가 희게 남게 되는 경우도 있다. 흰 테두리 부분을 없애려면 잘라냈다가 수준 이하의 자료로 전락할 위험도 있다.

이런 사태를 예방하려면 흰색 바탕에 레이아웃을 하는 것이 가장 무난하다. 디자인 템플릿을 쓰고 싶어도 꾹 참자. 원래 디자인 템플릿은 TV나 영화 등 미디어에 맞서 컴퓨터 화면상으로 움직임을 보여주기 위한 기능이다. 종이 자료에는 적합하지 않다. 굳이 사용하지 않아도 아무런 문제가 되지 않는다.

흰색 바탕 위에 있을 때 내용이 가장 두드러진다는 사실을 명심하자. 특히 초보자라면 이 명제를 잊지 말고 '배경은 흰색'을 철저히 지키자.

• 그래프의 배경은 흰색 바탕이 최고!

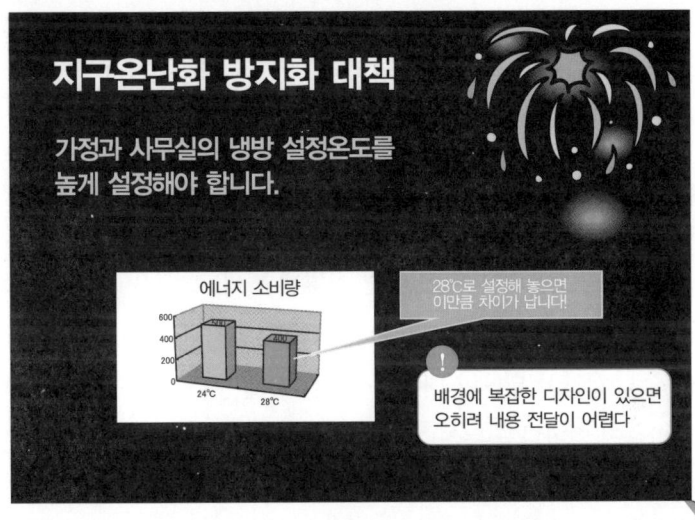

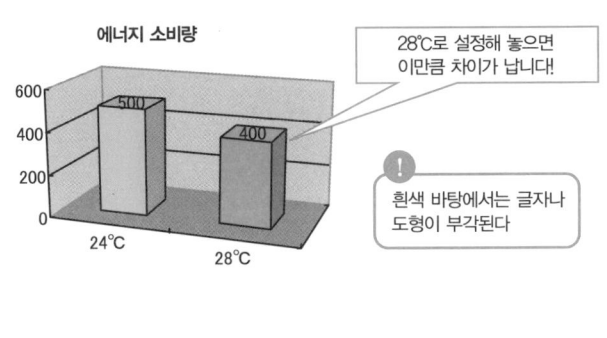

여백의 황금률

다음으로, 초보자가 부딪치기 쉬운 장벽이 바로 여백 사용이다. 고급 명품 광고를 보면 알겠지만 고가품 선전일수록 여백이 많다. 마트의 상품광고 전단지를 보라. 답답해 보일 정도로 물건과 금액으로 도배를 한다. 글자와 일러스트가 가득 찬 자료를 제출하는 것은 '마트 전단지를 처음부터 끝까지 읽어주십시오' 하고 말하는 것이나 다름없다.

흰색 도화지를 준비해놓고 크레용이나 물감으로 모두 칠해버리거나 글자나 일러스트, 사진을 덕지덕지 붙인다면 어떻게 될까. 그것은 이미 흰 도화지가 아니다. 이상적인 여백 비율은 70%다. 반대로 글자나 일러스트의 적정 수준은 약 30%다. 시간이 된다면 내용을 A4 한 장에 모아보고 인쇄 후에 자로 재서 면적 비율이 얼마나 되는지 계산해 보는 것도 좋다. 부득이하게 내용이 많아지더라도 색깔을 입힌 글자나 일러스트가 면적의 반을 넘지 않도록 한다.

단, 주변 여백은 상하좌우가 모두 같을 필요는 없다. 스테이플러나 클립으로 고정하는 바람에 왼쪽 가장자리 내용이 사라진 자료를 본 적도 있는데 이런 사태를 피하려면 왼쪽에 자료 고정에 필요한 여백을 1센티미터 정도 확보하고 레이아웃을 해나간다.

여백이란 종이의 둘레만을 가리키는 것은 아니다. 문자열과 문자열의 상하좌우 간격, 글자와 글자의 간격, 도형의 안쪽 영역도 여백으로 볼 수 있다. '줄바꾸기' '한 줄 띄우기' 등을 써서 글자가 지나치게 빼곡해지지 않도록 주의한다.

- 여백을 두어 품격 높은 이미지를 연출한다

핫 썸머 특별 이벤트

기본 반지 커플 반지

싫증난 금반지 리세팅 옛날 반지

영원한 사랑을 만드는…
JEWELRY ANNA
청담 쥬얼리 안나

! 페이지 가득 내용이 꽉 차 있는 느낌이 들면 촌스럽다

영원한 사랑을 만드는…
JEWELRY ANNA
청담 쥬얼리 안나

! 내용을 많이 몰아넣지 않아야 고급스럽다

*4 테두리
테두리가 있고 없음에 따라 확 달라진다!

프로들은 검은 테두리를 잘 활용한다

컴퓨터로 작성하는 프레젠테이션 자료에는 다양한 요소가 내포되어 있다. 글자, 숫자, 표, 그래프, 도형, 사진, 일러스트 등등. 마치 한 장의 카펫 위에 카드를 펼쳐놓은 것과 같다.

파워포인트는 '플레이스홀더' 라 불리는 틀 안에 이러한 요소들을 넣어 카드가 완성되는 구조다. 플레이스홀더에 글자나 숫자를 쓸 때는 문제가 되지 않는데 도형그리기 툴을 이용해서 추가로 도형을 그리면 아예 검은 테두리와 색깔만 표시되는 맹점이 있다. 선과 채우기가 없으면 도형을 인식하지 못하기 때문이다.

이 검은 테두리가 디자인에 치명적인 영향을 미친다. 복잡하게 느껴지기 때문이다. 프로와 아마추어의 완성도 차이는 이 검은 테두리에 있다고 해도 과언이 아니다.

시판되는 프로 디자이너의 파워포인트 템플릿 모음을 확인해보자. 검은 테두리가 있는 도형은 찾아볼 수 없다. 컴퓨터 서적을 보아도 검은 테두리 도형은 단 한 개도 없다.

테두리 없는 텍스트 상자 활용법

이 검은 테두리는 세련미와는 매우 거리가 멀다. 그러므로 도형을 그린 다

● 테두리를 제거하기만 해도 프로의 센스가 느껴진다

음에는 테두리를 지워야 인상이 바뀐다.

일단 도형 그리기 툴바의 '선 색'에서 '선 없음'을 선택한다. 그러면 검은 테두리는 사라진다. 필요에 따라 남겨두어도 좋다. 선 컬러는 검정에서 회색, 흰색, 빨강색, 파랑색 등으로 자유롭게 바꿀 수 있다. 단, '선 없음'과 '흰색'은 전혀 다른 이미지가 되니 주의해야 한다.

만약 '윤곽은 남기고 싶지만 너무 눈에 띄지 않았으면' 하는 바람이라면 '선 스타일'에서 가장 가는 선을 선택하면 된다. 테두리선을 실선에서 점선으로 바꿀 수도 있다. 그림자를 넣으면 테두리가 없어도 멋스러운 도형으로 변신한다.

글자를 입력하는 텍스트 상자는 테두리 없이 표기되지만 일부러 선을 표시해서 디자인적인 효과를 노리는 경우도 있다. 문장 전체를 강조하고 싶을 때는 상자에 '색 채우기'를 해도 효과적이다.

페이지의 배경색과 같은 채우기 색(대개 흰색)으로 만든 텍스트 상자를 삽입하면 배경에 있는 선을 일부 숨길 수 있어 벤다이어그램 등에 설명을 추가할 때 편리하다. 189페이지의 'Good' 샘플에서 'ↄ포인트' 부분이 일례가 된다. 여기에서는 주황색 선 위에 흰색으로 '색 채우기'를 하고 테두리가 없는 텍스트상자를 삽입했다. 짙은 색으로 '색 채우기'를 하고 텍스트 상자 안에 흰색으로 글자를 쓰면 외곽선 글자가 완성된다. 고딕체를 이용하면 한층 강조되므로 짧은 표제를 장식하기에는 그만이다.

잡지 같은 것을 보다가 마음에 드는 디자인이 있으면 MS워드나 파워포인트를 이용해 그대로 흉내내보자. 흉내내고 모색하는 나만의 오리지널이 탄생하는 법이다.

● 테두리를 지우면 인상이 확 바뀐다

미미초등학교 6학년 수준별 학습 코스 소개

텍스트 상자에 테두리가 있으면 표처럼 보여 딱딱한 인상을 준다

국제 중학교 지망코스
과거 기출 문제집과 자체 교과서로 입시에 대비하는 특별 반입니다(선발 시험 있음).

공립 중학교 진학코스
6학년까지의 과정을 2학기까지 마치고 중학교 1학년 영어를 3학기에 배우는 선행학습반입니다.

보강코스
국어, 수학, 자연, 사회와 지역 초등학교 진도에 맞춘 복습 학습 위주로 진행됩니다.

Good

미미초등학교 6학년 수준별 학습 코스 소개

테두리를 지우거나 색상, 선의 굵기만 바꿔도 이미지가 확 바뀐다

국제 중학교 지망코스
과거 기출 문제집과 자체 교과서로 입시에 대비하는 특별 반입니다(선발 시험 있음).

공립 중학교 진학코스
6학년까지의 과정을 2학기까지 마치고 중학교 1학년 영어를 3학기에 배우는 선행학습반입니다.

보강코스
국어, 수학, 자연, 사회와 지역 초등학교 진도에 맞춘 복습 학습 위주로 진행됩니다.

입체감을 살린다

그림자를 넣기만 해도 입체감이 살아난다

프레젠테이션 자료에 입체감을 줄 수 있는 방법을 몇 가지 알아보기로 하자.

가장 대표적인 방법이 그림자 넣기. 서식 메뉴의 '글꼴' → '효과' → '그림자'를 체크하면 된다. '볼록'이나 '윤곽선'보다 깔끔하다.

좀 더 발전시켜 원형, 장방형, 화살표 등에 그림자를 주는 방법이 있다. 일단 도형을 선택한 뒤 '그림자 효과'를 클릭하고 샘플 중에서 선택한다. 기본은 회색이지만 '그림자 설정'에서 색상이나 넓이를 변경할 수 있다. '반투명 빨강색' 등 세부적인 설정도 가능하니 많이 연습해보자.

비즈니스 문서는 기본적으로 왼쪽 위에서 오른쪽 아래로 읽어 내려가는 형식이므로 왼쪽 위에서 빛이 비추고 오른쪽 아래에 그림자가 생기는 스타일이 기본이 된다.

그림자와 함께 광택을 넣으면 한층 입체감이 향상된다. 마이크로소프트 오피스 제품에는 이 기능이 없으므로 클립아트를 활용하자. 평소에 일러스트나 사진을 보고 어디에 광택과 그림자를 넣으면 입체감이 살아날지 공부해두면 도움이 된다.

세련됨을 배가시키는 그라데이션

그라데이션 기법을 구사하면 훨씬 세련된 연출이 가능하다.

그라데이션이란 한 색상에서 다른 색상으로 서서히 색감을 변화시키는 기

- 그림자와 그라데이션을 활용한다

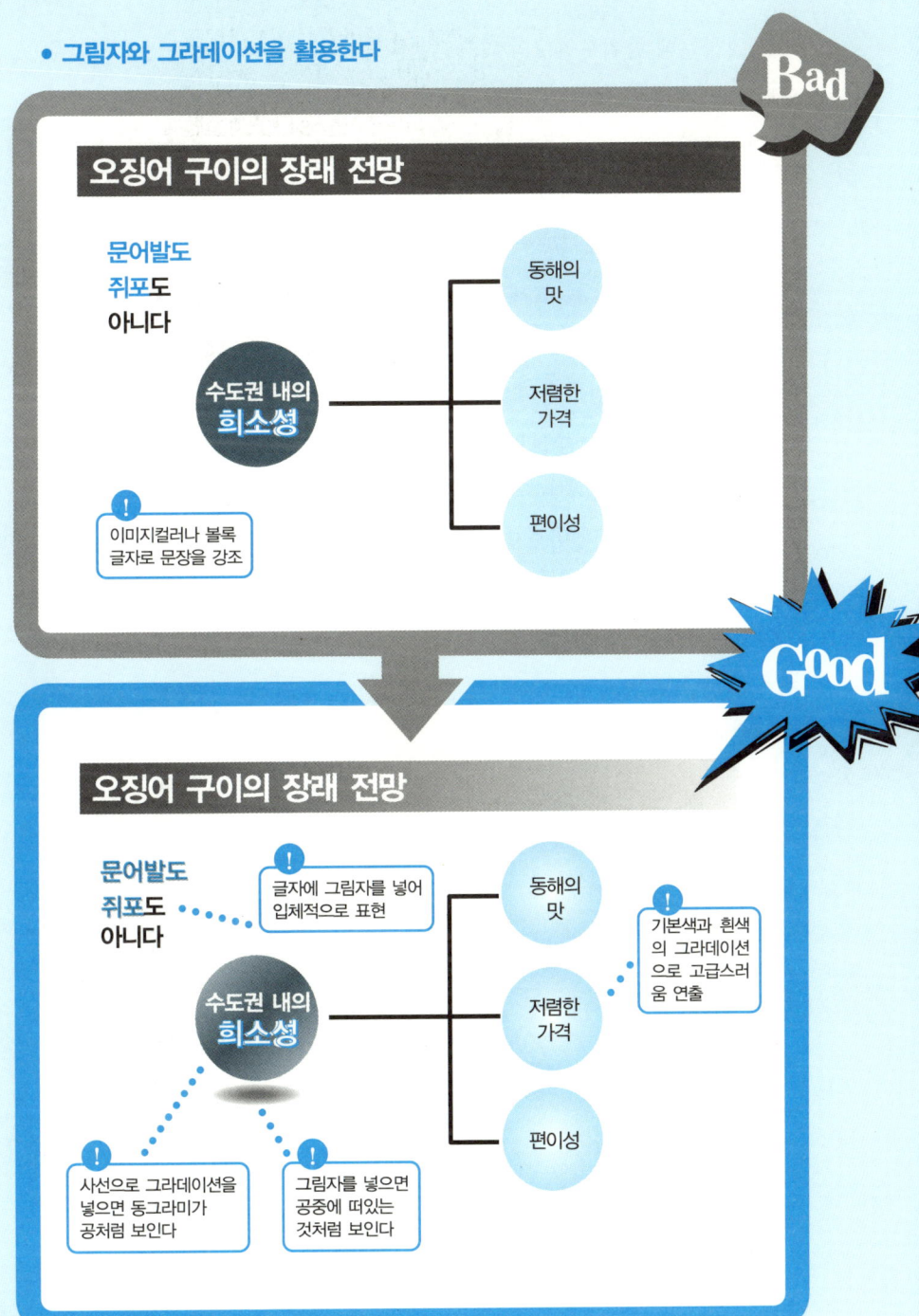

6장_ 프레젠테이션 멘토에게서 배우는 '디자인' 노하우

법을 말하는데 파워포인트의 디자인템플릿이나 시판되는 템플릿에서 자주 보인다. 프레젠테이션의 고수들은 그라데이션을 적시적소에 활용한다.

워드나 파워포인트에서는 단순한 도형에 색깔을 입힌 뒤 '도형 채우기'에서 '그라데이션'을 선택하기만 하면 된다.

단순한 동그라미도 그라데이션 기법을 이용하면 입체적인 공처럼 보이게 만들 수 있다. 중앙부를 짙게, 주변부를 옅은 색으로 그라데이션하면 공이 되고, 반대로 중앙부를 옅은 색, 주변을 짙은 색으로 그라데이션하면 조명이 비춘 공처럼 보인다. 청록색 계열의 컬러를 지정해서 대각선으로 기운 그라데이션을 사용하면 지구처럼 보이게 만들 수도 있다.

이 공이 공중에 떠 있는 것처럼 보여줄 수도 있다. 일단 공 밑에 회색으로 타원형을 그린다. 이것만으로 어느 정도 효과는 볼 수 있지만 타원 중심에서부터 그라데이션을 넣으면 윤곽이 흐려져 훨씬 입체적으로 보인다.

이렇듯 간단한 도형에 그라데이션을 주는 것만으로도 훨씬 생동감 있는 물체가 완성된다.

● 좀 더 고급스러운 자료로 마무리하는 비법

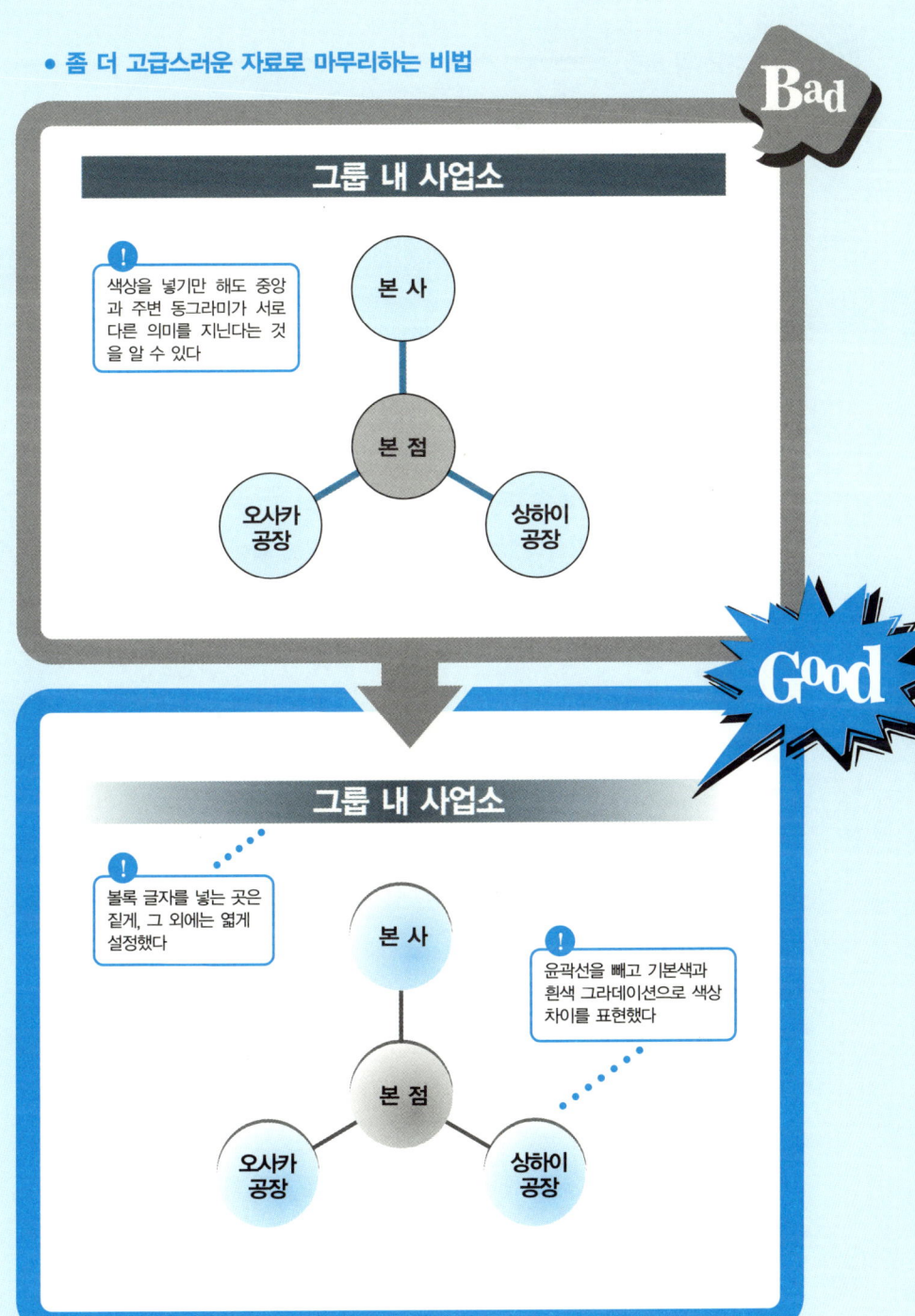

*6 시선의 흐름
레이아웃의 원칙은 'Z형'

▍붙이느냐 마느냐, 그것이 문제로다

프레젠테이션 자료는 비즈니스 문서의 일종으로 통상 가로쓰기가 원칙이며, 왼쪽 위에서 시작해서 오른쪽 아래로 읽어 내려가는 것이 기본이다.

시선의 흐름을 결정하는 중요한 요소 중에 한 가지가 바로 선인데, 이것을 하찮게 여기는 사람이 많다. 선의 시작점과 끝점에 ●이나 →와 같은 기호를 붙일 수도, 붙이지 않을 수도 있다. 붙여도 그만, 안 붙여도 그만이 아니라 의미를 생각해서 붙일까 말까를 결정하는 것이다. →는 흐르는 방향을 나타내는 반면에 ●나 ◆는 '여기부터 시작입니다' '여기서 끝이 납니다' 라고 강조하고 싶을 경우에 사용한다.

이 일러스트에서는 모두 붙인다고 정했으면 모든 시작점, 끝점에서 붙이고 떨어뜨린다고 정했으면 모두 떨어뜨리는 것이 원칙이다. 떨어뜨리는 폭도 통일해야 한다. 그렇지 않으면 일러스트 전체가 들쭉날쭉하고 불안정한 인상을 준다.

더 나아가 어디에서 나와서 어디에 붙이는지도 생각한다. 좌우 폭의 3분의 1 지점, 혹은 상하 폭의 5분의 3 지점 등 너무 세세하게 시작점을 그으면 길이를 재기 어려워진다. 그럴 때는 '정중앙'에서 시작점을 긋는 것이 무난하다.

평행을 이루는 선을 그을 때는 길이에 편차가 나지 않도록 조심한다. 선을 매번 다시 긋지 말고 선 하나를 그은 뒤 굵기, 선 종류, 색상 등을 정하고 복사해서 정렬하는 것이 편하고 정확하다.

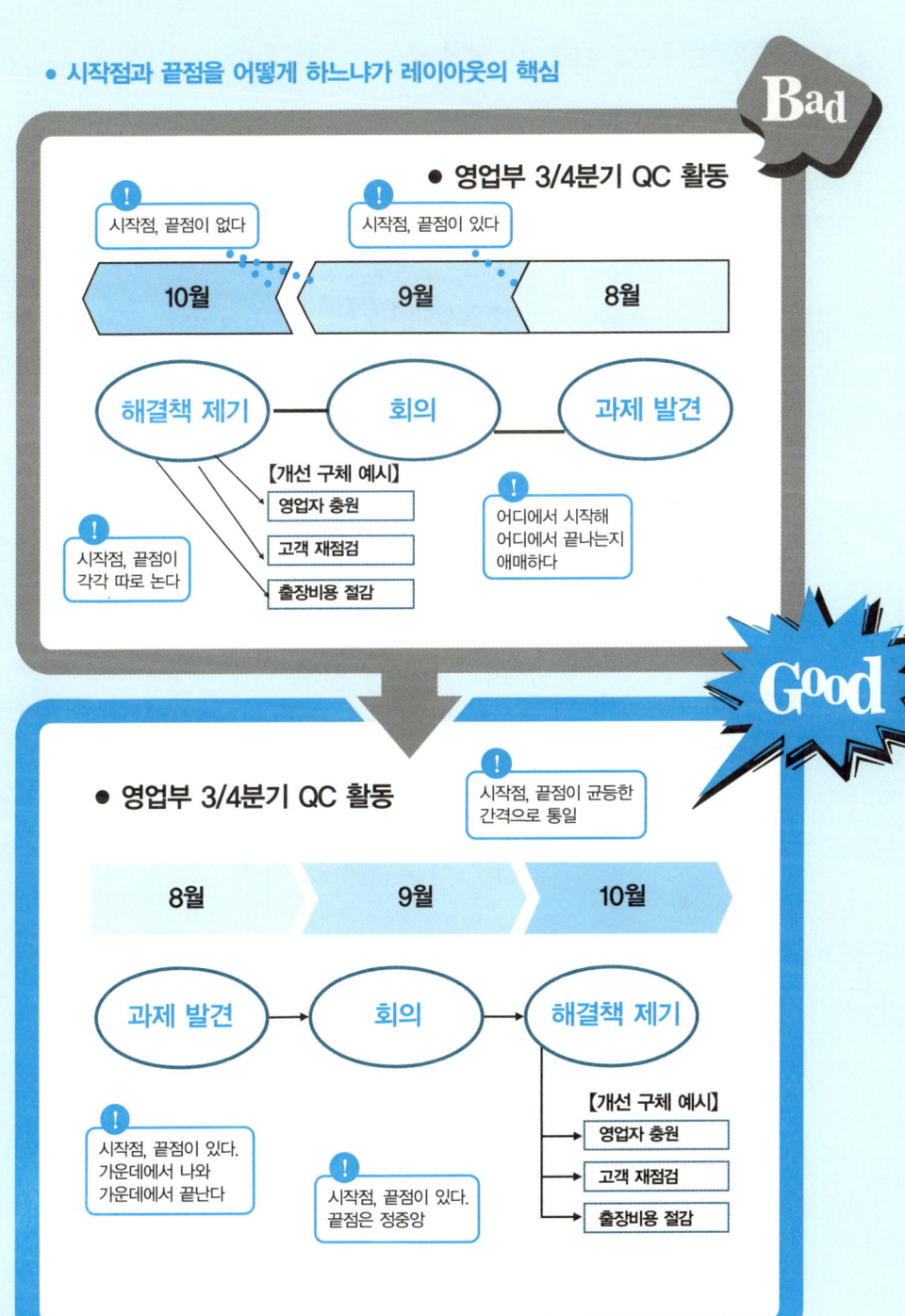

중요한 내용은 왼쪽 위, 낮은 것은 오른쪽 아래

왼쪽 위에서 오른쪽 아래로 흐르는 가로쓰기 자료에서는 중요도가 높은 항목이 왼쪽 위, 낮은 항목은 오른쪽 아래에 온다. 당연히 페이지 제목은 왼쪽 위에 오는 것이 가장 자연스럽다. 그 다음으로 중요한 표제 역시 왼쪽 상단이 적당하다. 그 뒤에 이어지는 컨텐츠는 순서대로 오른쪽으로 내려가며 표시한다.

기업 조직도를 그릴 때는 가장 상단에 모회사, 그 밑에 자회사, 그 밑에 협력업체가 온다. 가계도를 그린다면 왼쪽부터 장남, 차남, 삼남이 된다. 계획표를 작성할 때는 왼쪽부터 제1단계, 제2단계, 제3단계가 되는 것이 맞다. 오른쪽에서 왼쪽으로 전개되는 분석차트도 존재하지 않는다.

워드 프로그램은 이 원칙을 벗어날 수 없기 때문에 괜찮은데 파워포인트나 엑셀은 중앙이나 오른쪽에도 원하는 내용을 넣을 수 있어 종종 문제가 생기곤 한다.

중요한 사항이 오른쪽에 위치하거나 오른쪽 문장 A에서 왼쪽 문장 B를 향해 화살표가 뻗어있는 경우도 간혹 눈에 띈다. 극히 드물게는 정반대의 레이아웃도 있으나 어디까지나 왼쪽 위에서 오른쪽 아래로 내려가는 'Z형' 레이아웃이 기본이다.

• '왼쪽에서 오른쪽' '위에서 아래'가 원칙이다

대사증후군 검진, 드디어 개시

2008년 4월부터 대사증후군(metabolic syndrome, 내장지방증후군)의 발견과 치료를 목적으로 하는 '특정 검진·보건 지도'(통칭 대사 검진)가 보건복지부를 중심으로 펼쳐진다.

대상 :
의료보험에 가입한 40~71세 남녀

해당자 :
남성 = 복부둘레 85cm 이상
여성 = 복부둘레 90cm 이상

바지 사이즈가 허리둘레 85cm이상이면 위험 신호!

검사 항목
허리둘레, 혈압, 혈당치, 콜레스테롤 수치

봄철 건강 검진 측정 결과를 토대로 대상자에게 개별 통보합니다.

❗ 왼쪽에서 오른쪽으로 시선이 움직이는 Z형 레이아웃이 기본

우리해양 조선 의료보험조합
우리 클리닉

7 배치

Bad → Good의 순서가 바뀐다면?

과거는 왼쪽, 현재는 오른쪽인 이유

게임회사에서 홍보담당자로 일할 때 한 초등학생에게서 이런 질문을 받았다.

"게임은 왜 왼쪽에서 오른쪽으로 하는 거예요?"

대답은 나 대신 개발 책임자가 명확하게 해주었다.

"그래프의 X축과 Y축이 겹친 부분이 0(영)인데 X축은 0에서 오른쪽으로 가는 것이 플러스이고 왼쪽으로 가면 마이너스야. 그러니까 앞으로 나가는 건 꼭 왼쪽에서 오른쪽이어야 해. 마찬가지로 Y축에서는 위로 갈수록 플러스, 아래로 내려올수록 마이너스야." 그래서 슈퍼마리오와 같은 게임은 왼쪽에서 오른쪽으로 진행되고, 인베이더 게임과 같은 슈팅물은 아래에서 위로 공격한다는 것이다.

가로쓰기에서 '과거' '현재' '미래'는 반드시 왼쪽에서 오른쪽으로 진행시켜야 한다는 말이다. 이것을 잘못 쓰면 정반대의 뜻으로 받아들여질 위험도 있으니 주의하자. 문서는 보통 위에서 아래로 읽어 내려가므로 제일 위가 '과거', 가운데가 '지금', 아래가 '미래' 순서가 된다.

연관성을 고려해서 배치한다

프레젠테이션 자료에는 글자나 도형을 선이나 화살표로 연결하는 경우가 많다. 그런데 가끔 아무 생각 없이 그었다고 밖에는 생각이 들지 않는 선들이 있다.

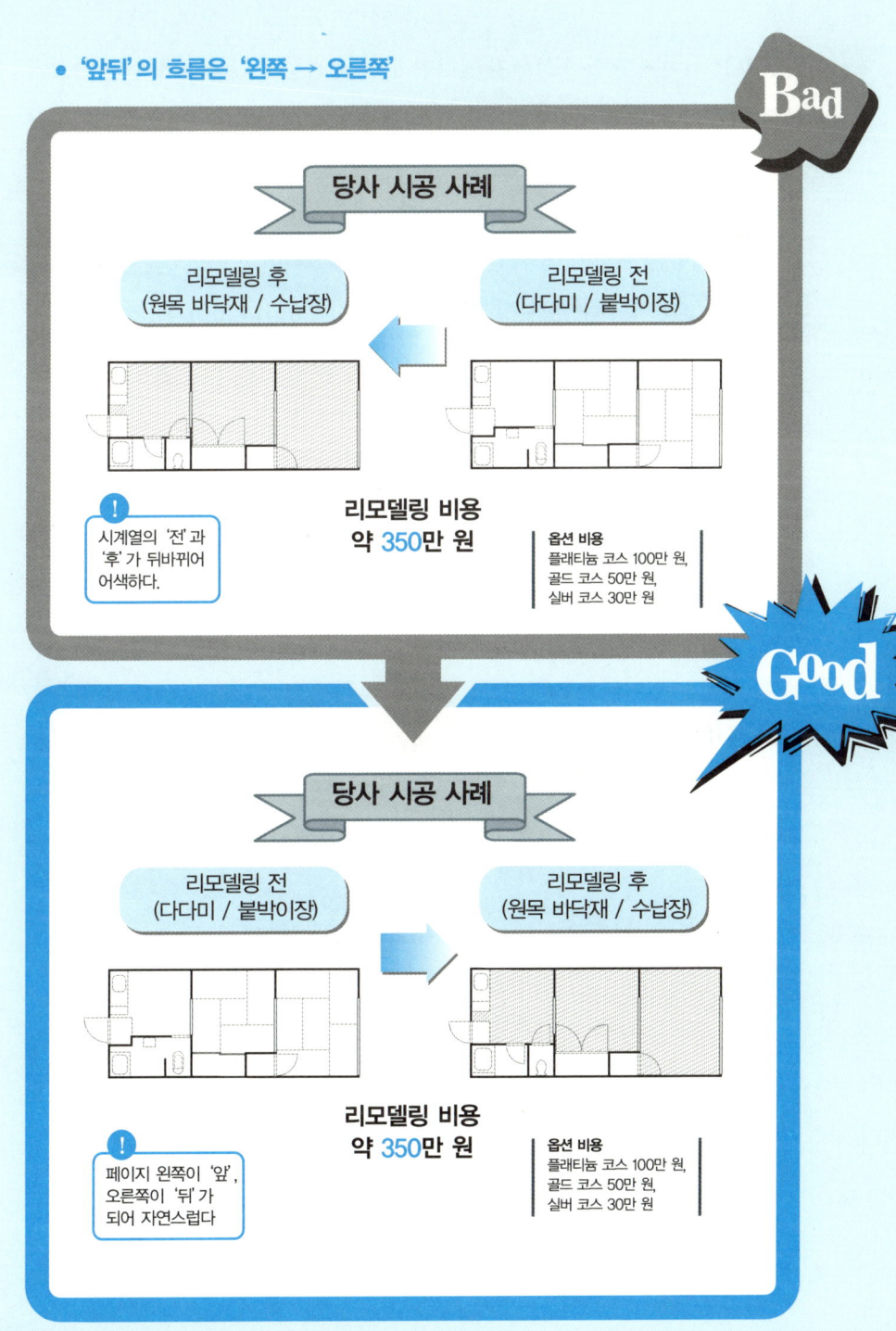

A와 B 사이에 직선이 그어져 있다면 뭔가 관련성이 있다는 뜻이 된다. A에서 B를 향해 화살표가 그어져 있다면 'A가 B에게 물건을 준다' 'A지점에서 B지점으로 간다' 'A가 B로 변했다' 등 방향성을 갖게 된다. 이것을 숙지한 뒤 선이나 화살표를 사용해야 한다.

'자사 제품을 써서 살이 빠졌다'는 스토리를 그려야 한다면 왼쪽에 사용 전 사진이나 설명이, 오른쪽에 사용 후 사진이나 설명이 오면서 오른쪽 방향(→)으로 화살표가 그어져야 한다. 당연한 소리 아니냐고 할지 모르지만 실제 프레젠테이션에서 이와 정반대로 표현된 사례는 일일이 열거할 수도 없을 정도로 많다.

표를 작성할 때도 위치 관계를 소홀히 해서는 안 된다. 직원들의 주소록을 만든다고 가정해보자. 가로에 우편번호, 주소, 전화번호 등의 항목이 들어가고 세로에는 개별 정보가 들어간다. 사원 번호순이면 젊은 사람부터, 직위 순이면 직위가 높은 사람부터, 그밖에 가나다순도 있을 수 있다. 사원 번호로 순서를 매기는데 뒷번호부터 시작한다면 어색하기 짝이 없을 것이다. 직위순도 마찬가지다. 전무, 회장, 사장이 뒤죽박죽되어 있다면 난감하기 이를 데 없다. 가나다순인데 하, 신, 김…… 순서로 되어 있다면 뭔가 잘못되었다고 생각하지 않겠는가? 표나 그래프를 만들 때도 이런 보편적인 규칙성을 무시해서는 안 된다.

반드시 연관성과 규칙성에 어긋남이 없는지 체크한다.

● 표 작성에서 신경 써야 할 순서와 위치

Bad

임직원 내선번호

성명	직위	내선번호
나여원	기획부장	33
도광훈	기술부장	34
민의준	회장	11
박유상	영업부장	31
신인태	전무	13
윤성수	총무부장	32
이충삼	상무	23
전나영	물류부장	35
차기태	상무	21
하승희	상무	22

위에서 아래로 가나다순으로 나열한 상태

Good

임직원 내선번호

성명	직위	내선번호
민의준	회장	11
김민웅	사장	12
신인태	전무	13
차기태	상무	21
하승희	상무	22
이충삼	상무	23
박유상	영업부장	31
윤성수	총무부장	32
나여원	기획부장	33
도광훈	기술부장	34
전나영	물류부장	35

위에서 아래로 직위가 높은 순으로 나열한 상태. 회사에서는 직위 순이 더 이해가 빠르다

내선번호도 직위 순으로 배정되어 있다

*8 정렬
줄이 잘 맞으면 질서정연한 느낌을 준다

다양한 요소를 질서 있게 정렬하는 방법

프레젠테이션 자료에는 글자, 문장, 도형, 표, 그래프, 사진 등 다양한 요소가 들어간다. 그런데 레이아웃이 일정하지 않아 아쉬움이 남는 것들이 많다. 레이아웃이 불규칙하면 신뢰성에도 치명적인 손상을 입힌다. 반면에 질서정연하게 만들어진 자료는 받아든 상대방에게 안정감을 준다.

구성 요소들을 질서 있게 배치하기만 해도 품격이 달라진다. 신문이나 수첩, 달력처럼 일상에서 눈에 익은 것들은 모두 수준 높은 레이아웃이 기본이다.

그러므로 레이아웃을 할 때는 이러한 구성 요소에 일정한 규칙성을 부여하자. 글자는 왼쪽맞춤, 숫자는 오른쪽맞춤이 기본이며 제목은 가운데맞춤인 경우가 많다. 상하 조절에서 셀 내부는 주로 가운데맞춤이지만 숫자는 아래쪽맞춤이 일반적이다. 이러한 일반적인 약속 외에 회사나 단체 등 조직 고유의 규칙에도 신경을 써야 한다.

제목은 보통 페이지 상부 왼쪽이나 가운데에 온다. 파워포인트에는 '눈금 및 안내선' 기능이 있어 레이아웃하기가 쉬운데 엑셀이나 워드에는 그런 보조 기능이 없다. 그럴 때는 직접 수직이나 수평으로 직선을 그어 안내선 대신 이용한다. 선의 색상은 검정보다는 밝은 색을 선택해야 다른 구성 요소와 혼동되지 않는다.

구성 요소를 정렬할 때는 수직과 수평선을 긋고 텍스트 상자가 이 선상에 오도록 배치한다. 수직선에 맞추면 좌우가, 수평선에 맞추면 상하의 레이아웃이 정렬된다.

● 정렬하기만 해도 안정된 느낌을 준다

사업 개요

사업 차별화

컨텐츠
프레젠테이션
스피치 도큐먼트
이·프레젠의 강점

! 각각의 요소가 복잡하게 레이아웃된 상태

회사명의 e

Web + 메일
Web + 메일을 이용한 '고객 유치'와 '커뮤니케이션'

사업 방침
1. 도큐먼트 중시
2. 감정 호소
3. 압도적 스피드

Bad

사업 개요

사업 차별화

컨텐츠
프레젠테이션
스피치 도큐먼트
이·프레젠의 강점

! 세로 방향, 가로 방향 모두 한 라인을 기준으로 정렬되어 안정적인 느낌을 준다

회사명의 e

Web + 메일
Web + 메일을 이용한 '고객 유치'와 '커뮤니케이션'

사업 방침
1. 도큐먼트 중시
2. 감정 호소
3. 압도적 스피드

Good

이렇게 라인을 맞춘다고 맞췄는데 인쇄했을 때 엇갈리는 경우도 있으니 인쇄 미리보기에서 배율을 높여 더 큰 화면에서 작업하는 것이 좋다. 확대해보면 기준선 위에 정확하게 겹치지 않은 것을 알 수 있다. 라인을 정확하게 맞추려면 확대해서 맞춰보는 작업이 반드시 필요하다.

간편하게 '도형 조정'

위에서 기준선(안내선)을 보고 배치하는 방법을 소개했다. 워드, 엑셀, 파워포인트에는 모두 자동 정렬 기능이 있으므로 이를 활용한다. 우선 위치를 맞추고 싶은 부분을 'Ctrl' 키나 'Shift' 키로 선택한다. 그 다음 '도형 조정' – '배치/정렬'을 선택하여 왼쪽맞춤~가운데맞춤~오른쪽맞춤, 위쪽맞춤~가운데맞춤~아래쪽맞춤 그밖에 상하로 정렬, 좌우로 정렬 중에서 고른다. 예를 들어 네모를 3개 골라 '좌우로 정렬'을 선택하면 좌우로 균등하게 도형 3개가 배치된다. '도형 조정' 기능을 사용하면 정확하게 레이아웃을 할 수 있다.

단, 위의 방법은 배치하려는 아이템이 거의 같은 사이즈라는 전제 조건이 붙는다. 크기 차이가 너무 나는 아이템은 나란히 배치하기 어려우니 구성을 봐가면서 크기를 정렬하도록 한다.

내 경우, 작업 중반까지는 기준선을 이용하여 눈짐작으로 맞추어나가다가 내용이 대강 자리를 잡으면 그 때부터 본격적으로 구성 요소를 정렬하는 데 신경을 곤두세운다. 내용에 자신이 없는 사람일수록 이 부분에 특히 더 신경을 써야 한다. 익숙해지면 누가 뭐라 하지 않아도 가지런히 정렬되지 않으면 성에 차지 않는다.

- **임시 안내선으로 구성 요소를 정렬한다**

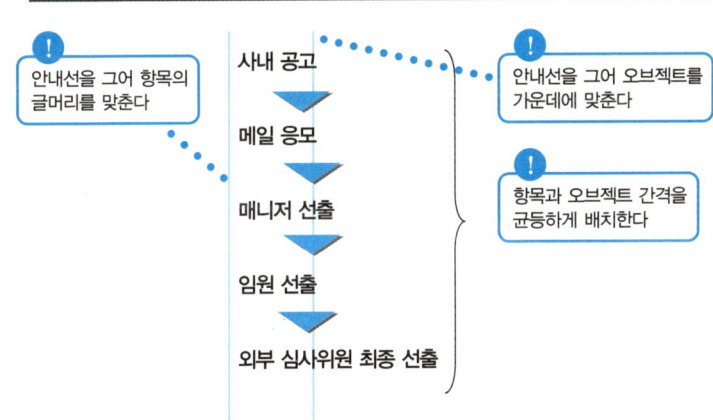

새로운 메뉴 콘테스트 실시 요령

사내 공고

메일 응모

매니저 선출

임원 선출

외부 심사위원 최종 선출

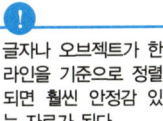

! 글자나 오브젝트가 한 라인을 기준으로 정렬되면 훨씬 안정감 있는 자료가 된다

Point Check
프레젠테이션 차별화 전략 6

속도로 승부하라

완성도가 좀 떨어진다면 '빠른 속도'를 무기로 삼는 것도 한 가지 방법이다. 완성도가 비슷하다면 상대방은 스피드에 주목한다.

마감일에 임박해서 도착하는 서류는 '서둘러서 가까스로 납기일을 맞춘 분위기'가 풍겨 감점 요소가 될 수도 있다. 실수도 눈에 잘 띈다. '이렇게 아슬아슬하게 제출하다니, 정성이 없군' 하고 받아들여져도 어쩔 수 없는 노릇이다.

자료를 빨리 작성하려면 항상 준비된 자세를 갖추는 수밖에 없다. 기회가 온 다음에 아이디어를 짜내는 것이 아니라 '다음에 기회가 오면 이렇게 해봐야지' '언젠가 이 아이디어를 써먹어야 할 텐데' 하며 머릿속에 떠오른 아이디어를 항상 메모해두는 것이다.

인터넷에서 참고할 만한 사이트를 발견했다면 즐겨찾기에 등록해서 폴더에 저장해둔다. 도움이 될 만한 신문이나 잡지 기사가 있으면 스크랩해둔다. 마음에 드는 광고 문구를 발견했다면 즉시 수첩에 메모해둔다. 도서관, 서점, 인쇄소, 문구점의 휴일이나 영업시간을 알아두는 것도 준비다. 평소에 아이디어를 모아두면 프레젠테이션을 할 때 서랍에서 꺼내어 뚝딱뚝딱 끼워 맞추기만 하면 된다. 미리 준비된 아이디어나 정보는 돌발 질문을 받았을 때 자료 없이 구두설명도 가능하다.

목적을 잊지 마라

내가 지금 하고 있는 이 일의 목적지가 어디이며 그 목적지에 도달하기 위해
어떻게 해야 하는지를 뚜렷하게 인식하고, 주도적으로 실질적으로 수행하라.
이러한 공유된 인식 하에 전 구성원이 일사분란하게 움직이면서
각자 맡은 바 업무에서 뚜렷한 성과를 만들어내야 한다.

– 전옥표 《이기는 습관》 중에서

PART 07

입사 3년차의 프레젠테이션
P R E S E N T A T I O N

프레젠테이션 멘토에게서 배우는 마무리 노하우

● ● ●

프레젠테이션 자료는 복사하지 마라

인쇄와 복사는 아주 다르다

프레젠테이션 자료를 자주 접하다보면 인쇄한 것인지 복사한 것인지 바로 알 수 있다.

복사한 자료는 받아든 순간 '한 부만 인쇄하고 나머지는 복사했구나' '인쇄할 시간이 아까웠나, 컬러잉크 쓰기가 아까웠나' '우리 회사를 이 정도 수준으로밖에 생각하지 않나' 하는 생각이 기분이 상한다. 반대로 인쇄된 자료는 의욕과 성의가 느껴져 '자세히 읽어야겠다'는 마음이 절로 든다.

아무리 성능 좋은 복사기라도 인쇄와 비할 바가 안 된다. 복사하면서 같은 곳에 얼룩이 생기기도 하고 원고를 잘못 놓아 약간 비스듬히 복사가 되기도 한다. 간혹 틈새로 빛이 들어가서 그림자가 생기는 경우도 있다.

그러므로 프레젠테이션 자료에서 인쇄는 기본이다. 실컷 고생해서 자료를 만들어놓고 '잉크 값이 아까웠나' '시간이 그렇게 없었나' 하는 평가를 받아서야 애석하기 짝이 없지 않은가! 인쇄든 복사든 시간이나 비용에 그리 큰 차이는 없을 것이다.

부득이하게 복사를 해야 한다면 상대방에게 원본을 주고 내가 복사본을 가져야 한다. 주민등록이나 면허 등 관공서에 복사본을 제출할 수 없는 것과 마찬가지다.

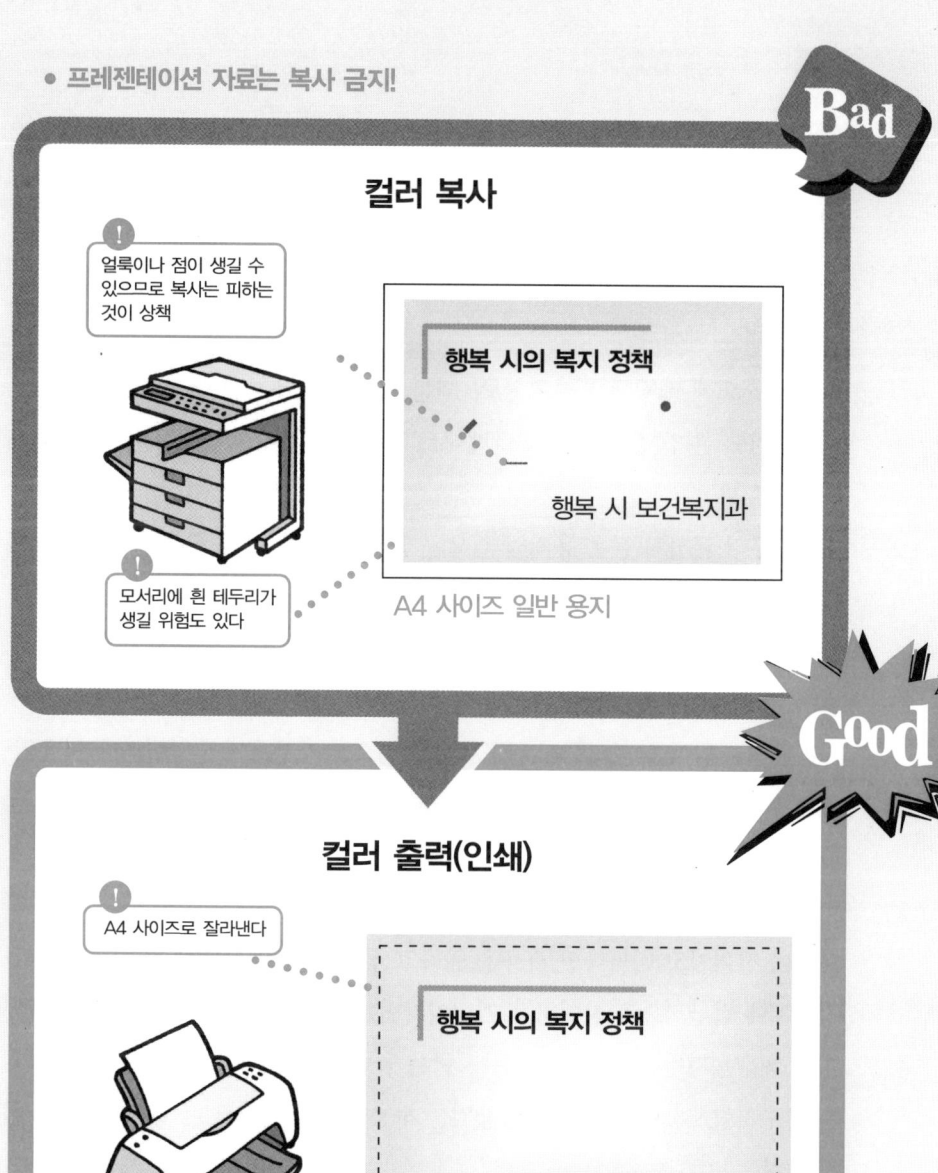

7장_프레젠테이션 멘토에게서 배우는 '마무리' 노하우   213

종이로 승부한다

평소에는 사무용 일반 복사용지 정도로도 충분하지만 중요한 프레젠테이션이라면 고급용지를 쓰자. 웬만한 의사결정권자들은 손에 받아든 순간 종이의 품질을 알아챈다. 컬러 인쇄 전용 용지도 있다. 프린터나 복사기의 상태에도 영향을 받을 테니 무엇이 좋다고 꼽을 수는 없지만 평소 쓰는 것보다 좋은 용지를 쓰라는 말이다.

종이 전면에 배경색을 넣고 싶을 때는 기본 사이즈보다 한 치수 큰 용지를 사용하기도 한다. 종이 윤곽까지 제대로 인쇄되도록 실제 치수보다 크게 인쇄하는 것이다.

처음부터 끝까지 같은 용지일 필요는 없다. 제본 표지가 좋은 사례인데, 본문 용지와 표지, 뒷표지가 달라도 상관없다. 표지는 광택이 있는 두꺼운 용지, 항목이 바뀌는 부분은 컬러용지 등 장르에 따라 용지를 구분해서 사용하는 것도 상대방의 눈길을 사로잡는 좋은 방법이다.

최근에는 환경을 의식해서 관공서를 중심으로 재생용지가 활발하게 이용되는 분위기다. 종이 자체의 재질만을 따지자면 재생용지는 일반용지에 못 미친다. 그렇다고 훨씬 저렴한 것도 아니다. 친환경 어쩌고저쩌고 하면서 오히려 비싸기까지 하다.

질이 떨어지고 비싸다면 사용을 권하고 싶지 않지만 상대가 공공단체나 환경문제에 적극적으로 참여하는 기업이라면 얘기가 다르다. 아는 사람은 알겠지만 재생용지를 구별할 수 있는 사람은 극히 드물 테니 종종 명함에 들어가는 문구처럼 '※ 이 자료는 재생용지를 사용했습니다' 라고 한 줄 넣어주는 것도 좋다.

● 보관할 자료도 컬러로 인쇄한다

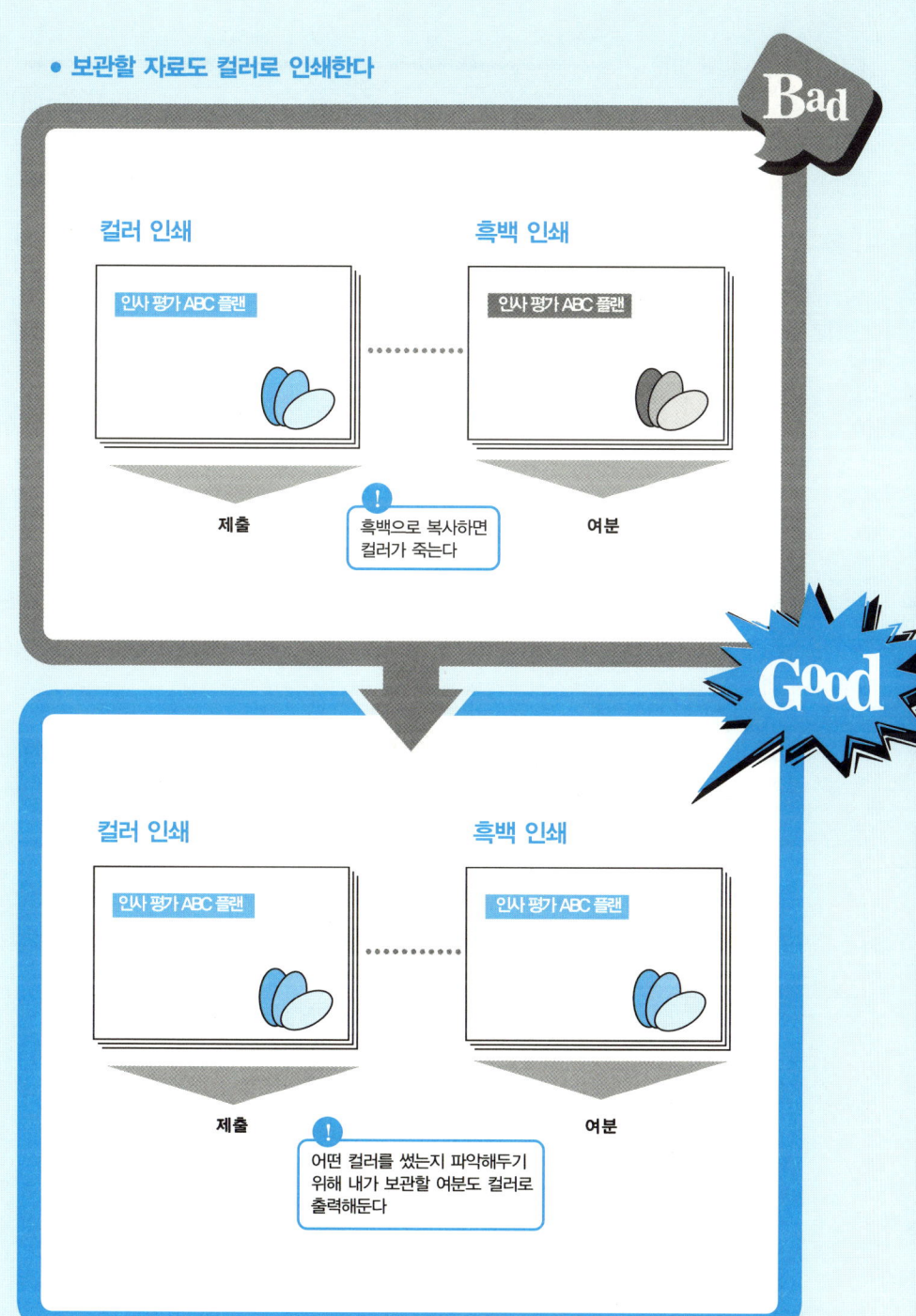

*2 고정 방법
어떻게 고정하는지도 중요한 포인트

▌왼쪽 위 한군데, 45도 기울여 고정하는 것이 상식

▌자료를 한 곳에서 고정시킬 때, 가로쓰기 자료는 왼쪽 위가 기본이다. 일반적이지는 않지만 세로쓰기 자료는 오른쪽 위가 된다. 아래를 고정한 자료는 본 적이 없지만, 좌우가 바뀌면 상식을 의심받을 수 있다.

"자료는 어디를 고정해야 하나요?"라는 질문을 종종 받는다. 한심한 생각이 드는 것도 사실이지만 그 자신들은 정말 심각하다. 고정하는 위치가 고민된다면 이렇게 연상해보자. 가로쓰기 교과서는 왼쪽에서 제본하므로 왼쪽 위, 세로쓰기 교과서는 오른쪽을 제본하므로 오른쪽 위.

고정 도구는 보통 스테이플러를 많이 쓰는데 그 밖에 젬플립이나 더블클립, 혹은 매수가 많으면 날클립을 쓰기도 한다. 모서리가 아니라 한 변을 전부 고정하고 싶으면 구멍을 두 개 뚫어서 철끈이나 책철로 묶는다. 비즈니스 문서는 페이지를 넘기기 쉽도록 한 군데만 고정하는 것을 원칙으로 한다. '호치키스'라는 말은 회사 이름이고, 철침으로 종이를 고정하는 도구는 '스테이플러'가 맞는 표현이다.

이들 고정 도구가 수평인 경우와 비스듬한 경우가 있다. 아무 쪽이나 상관없는 것이 아니라 45도 기운 각도(왼쪽 위를 고정한다면 오른쪽 위에서 왼쪽으로 내려오는)로 고정해야 한다. 페이지를 넘길 때 뒷종이와 깔끔하게 한 묶음이 되도록 하려는 의도이다.

더블클립은 45도로 고정하면 집게 부분이 왼쪽 위로 올라가는데, 최근에는 옆으로 꺾을 수 있는 타입도 나왔다. 디자인이나 컬러에 일체감을 주고 싶다

● 자료는 왼쪽 위에 사선으로 고정한다

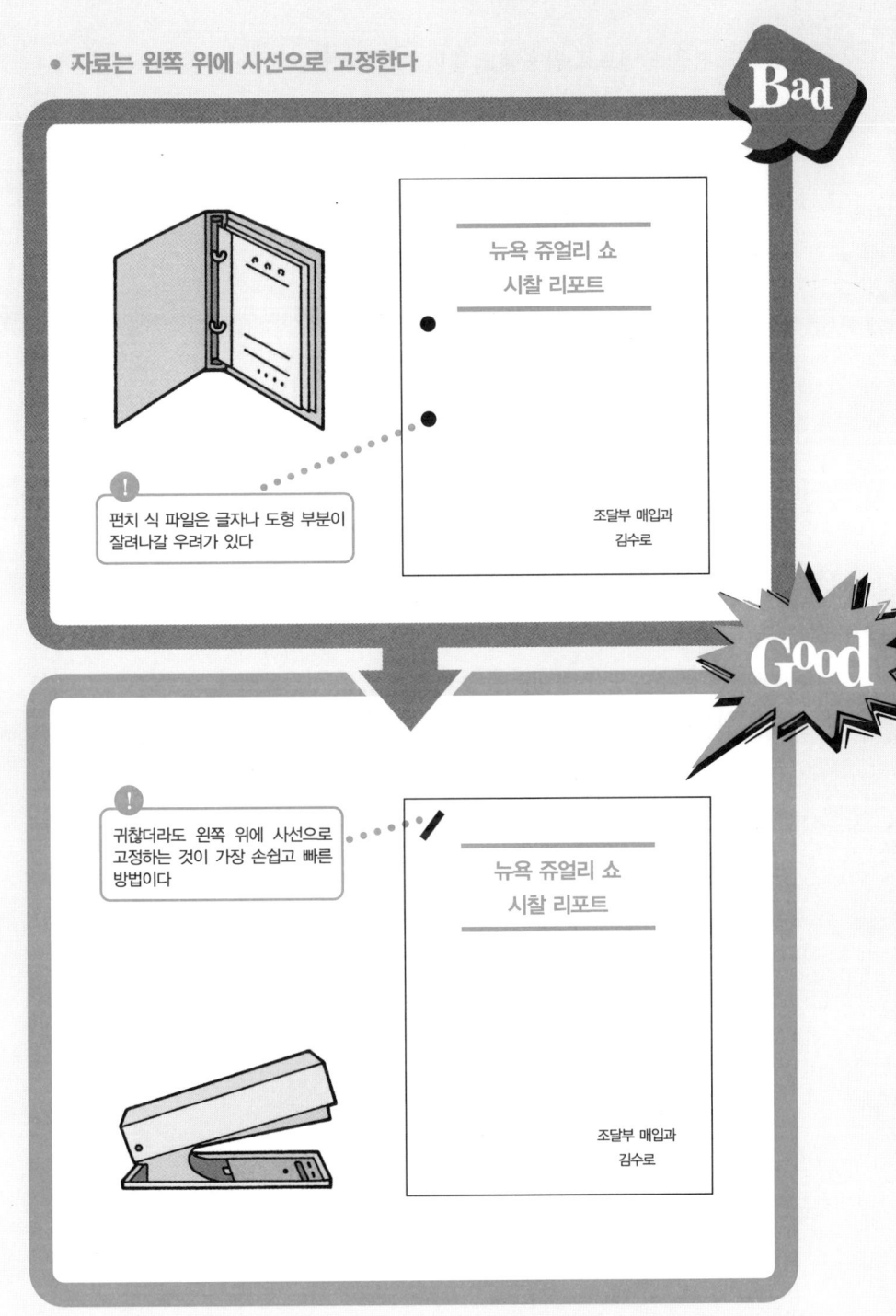

면 컬러침을 포인트로 활용해도 좋다.

단, 날클립은 한 번 빼면 다시 고정시킬 수 없는 단점이 있으므로 얼추 비슷한 강도로 고정하면서 여러 번 사용할 수 있는 슬라이드클립을 추천한다. 슬라이드클립도 컬러나 모양이 다양하므로 포인트로 이용할 수 있다.

외관을 추구한다면 수동 고정

스테이플러 기능이 달린 복합기도 등장했다. 자동으로 인쇄에서 제본까지 되어 편리한 측면도 있으나 과신은 금물이다. 두께 조절이 되지 않아 종이 뒷면에서 침이 굽기도 하고 사선이 아닌 수평으로 고정될 때도 있다. 또, 수십 페이지나 되는 자료를 몇십 부나 세팅한 뒤에야 수정할 내용을 발견했다면 정말 난감하지 않을 수 없다. 스테이플러 자국이 선명하게 난 종이를 다시 사용할 수는 없는 노릇이 아닌가?

재사용했다는 것을 상대방이 눈치채는 것은 시간문제다. 이런 사태를 피하려면 귀찮더라도 손으로 작업하는 수밖에 없다. 빠진 페이지는 없는지, 백지가 들어간 곳은 없는지, 순서는 맞는지 한 장 한 장 확인하고 합격된 것들만 모아서 스테이플러로 고정한다. 페이지 수가 많을수록 실수했을 때 손실이 크므로, 수작업으로 하는 편이 효율적이다.

- 어떻게, 무엇으로 작업했느냐에 따라 인상도 바뀐다

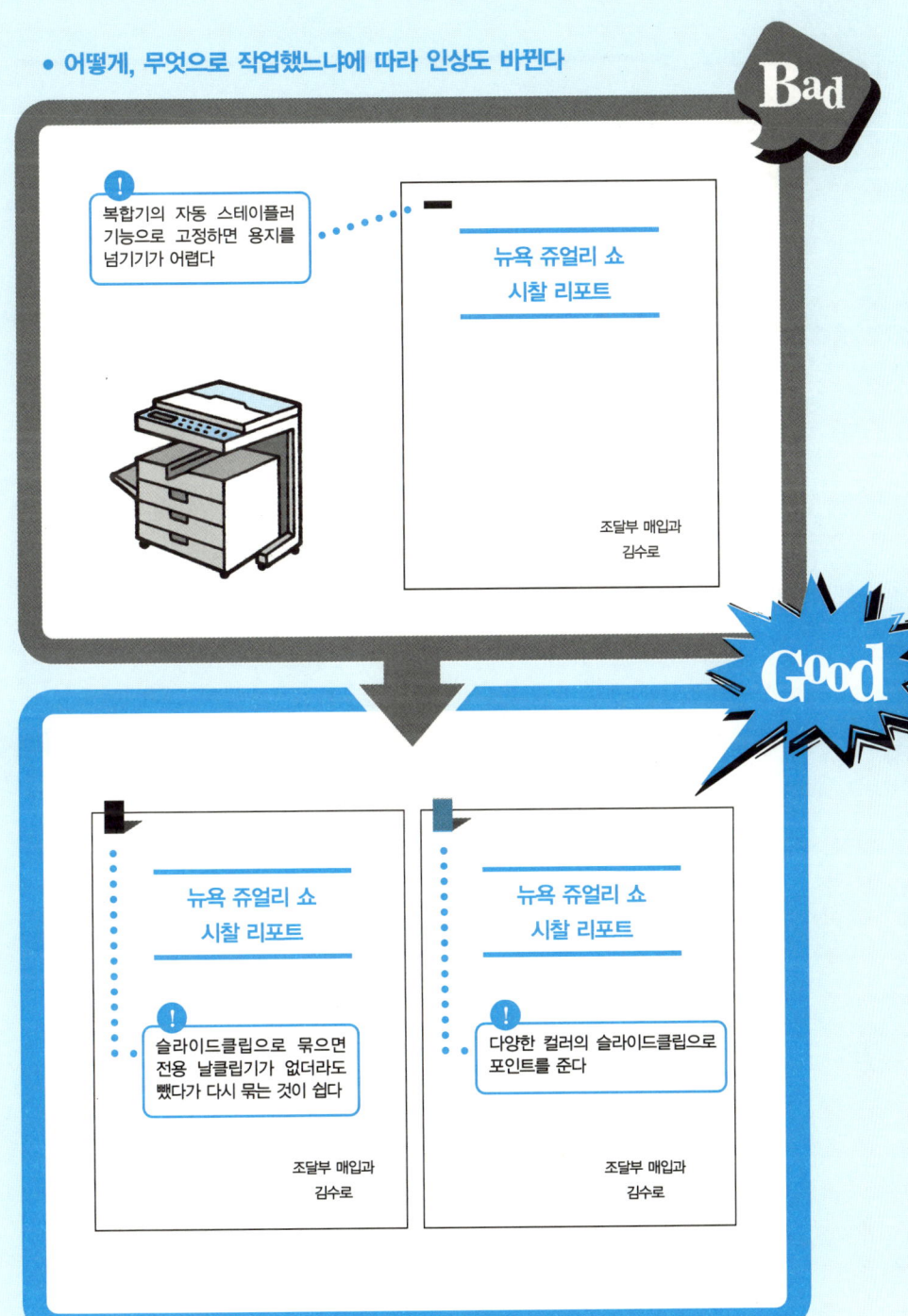

*3 제본
투명 커버 한 장이 10억?

5,000만 원짜리 기획이 10억으로

내가 스키장 개발 컨설팅회사에서 근무할 당시의 일이다. 스키장을 한 곳 건설하려면 몇십 억이 들기 때문에 회사가 받는 컨설팅 비용도 억 단위가 된다. 당시 제출한 프레젠테이션 자료는 컬러 인쇄한 본문과 표지 위에 커버필름을 얹고 왼쪽 위를 스테이플러스로 고정한 다음 앞뒤 표지가 균등해지도록 제본테이프를 붙여 여백을 재단한 스타일이었다.

사장은 입버릇처럼 "잘 들어, 이 필름 한 장이 모든 말을 대변해주는 거야. 이 한 장이 5,000만 원짜리 기획을 10억으로 만들어준다고."라고 말했다. 가격은 확인하지 못했지만 투명 커버필름 하나 씌웠을 뿐인데 훨씬 고급스러워진 것은 사실이었다. 같은 색상의 제본테이프를 붙이면 한층 세련된 이미지를 풍긴다. 무형의 노하우를 팔아 돈을 받는 컨설팅 업체이다 보니 이런 성과물들이 필수 조건이다.

얼마 지나지 않아 기성 제품으로 제본 커버가 등장해 복잡한 과정을 거치지 않고도 손쉽게 투명한 표지 제본을 할 수 있게 되었다. 링 제본용 투명커버는 장당 1,500원 정도, 뒤표지나 제본테이프가 세트로 된 제본커버는 1부에 1,000원 정도면 손에 넣을 수 있다. 이 정도 비용 부담으로 대형 프로젝트에서 채택된다면 비용 대비 효과는 계산이 불가능할 정도다.

● 투명시트로 품격을 높인다

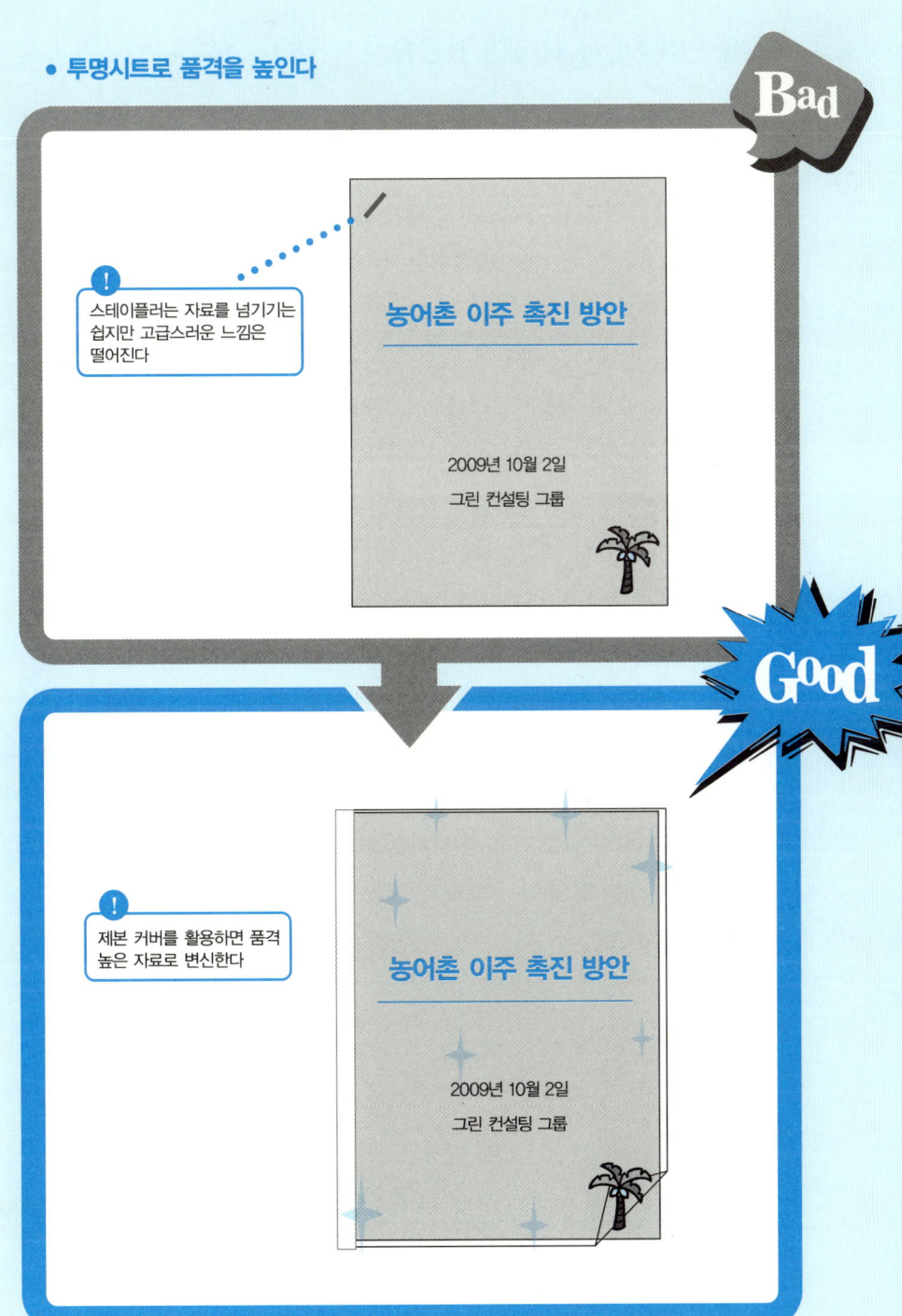

전문 인쇄소에서 한 권만 제본할 수도 있다

최근 들어 관공서를 중심으로 환경에 좋지 않다는 이유로 제본 커버 사용을 금지하는 곳이 생겨나고 있다.

대안으로 온디맨드(on-demand) 인쇄가 있다. 카탈로그나 팸플릿 같은 양면 인쇄, 속지 인쇄물을 몇 부만 작성하는 것이다. 단 1부라도 제작할 수 있으니 꼭 한 번 만들어보기 바란다.

시판되는 금속 레버식 바인더 표지에 이미지 캐릭터가 들어간 디자인시트를 예쁘게 붙인 오리지널 바인더를 보고 눈이 휘둥그레진 적이 있다. 물론 그 프로젝트를 위해 일부러 만든 것이다. 바인더에 회사명까지 넣은 정성에 자료를 받아든 모든 사람이 감탄했던 기억이 난다.

표지만 정성을 들인 것이 아니었다. 제안 내용도 훌륭했다. 내용만으로도 충분히 채택될 가능성이 컸지만 현장에서 바인더 표지를 본 순간 모두의 마음이 벌써 그 회사의 손을 들어주고 있었다.

글자나 디자인에 제한이 있다면 표지나 본문 용지로 승부하는 방법도 있다. 지하철 게시판에 걸린 헝겊이나 스티커 포스터, 양띠 해에 맞춰 복슬복슬한 털실을 붙여 만든 연하장, 명함에 점자를 넣는 아이디어도 기발하다는 생각이 든다. 이런 아이디어는 보는 이의 호기심을 자극한다. 실제로 본 적은 없지만 동화책에 많이 쓰는 입체 팝업 북과 같은 것도 반응이 뜨겁지 않을까?

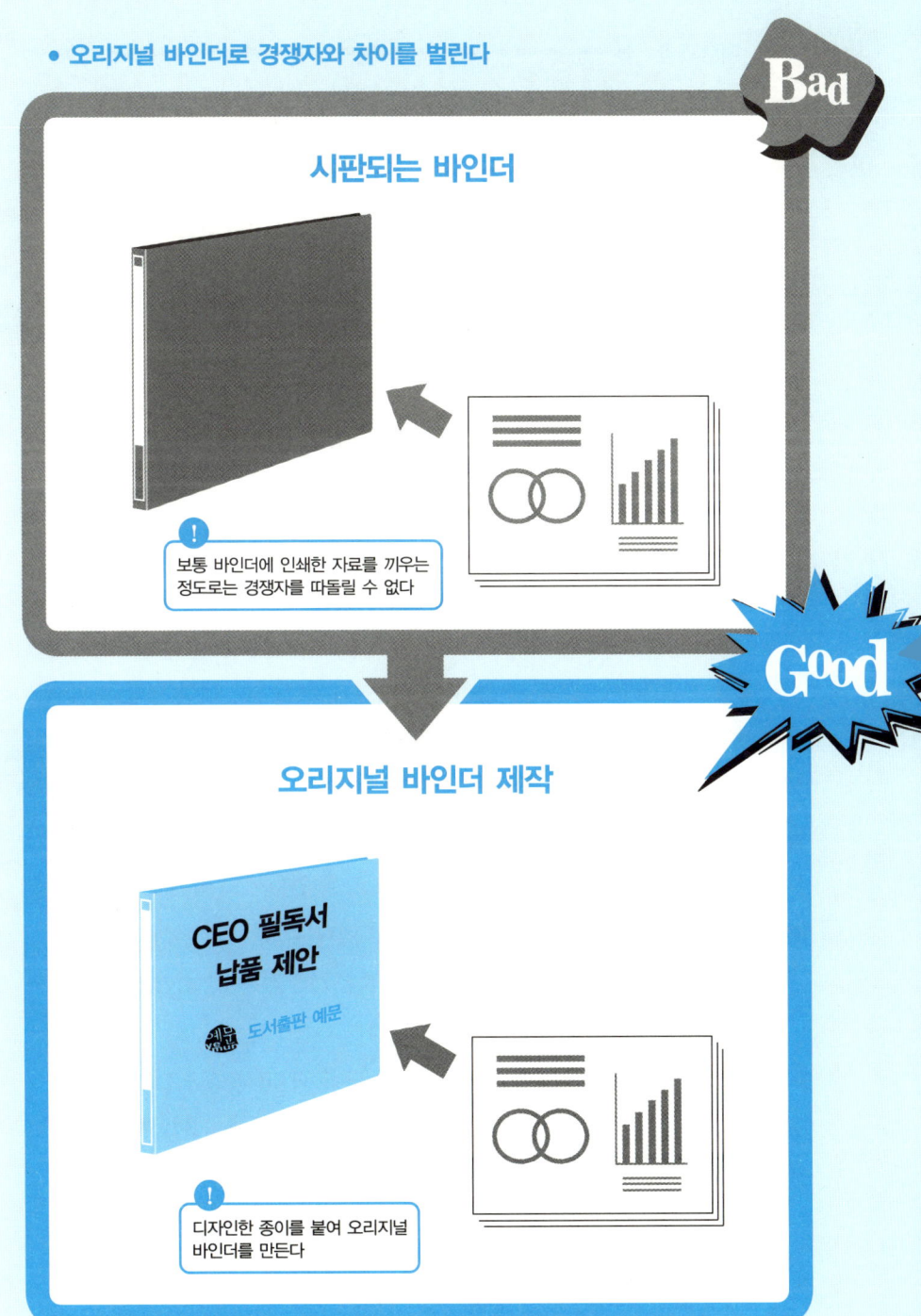

✱4 제출자명

이름은 가장 눈에 띄는 곳에 적어라!

▎가장 눈에 띄는 곳에 이름을 쓴다

제출한 사람의 이름을 찾지 못해 난감했던 적이 한두 번이 아니다. '좋은 자료 만드느라 고생은 하셨다만 당신 누구요?' 하는 심정이 되고 만다. 내용이 좋아서 자세한 이야기를 듣고 싶어도 연락을 취할 방도가 없다.

한 출판사 편집부에서 아르바이트생이 들려준 이야기로는 책을 출간하고 싶어 하는 사람들에게서 하루 평균 10건 정도 문의가 온다고 한다. 모든 응모 서류는 일정 기간 보관해두어야 하기에 편집자가 읽지 않더라도 연락처 등을 기록해서 정리해두는데, 보내는 사람마다 각자 편한 서식대로 서류를 보내는 모양이다. 주소, 성명, 전화번호, 메일주소 등 연락처를 리스트에 입력하려고 보면 도대체 어디에 연락처를 적어 놓았는지 찾느라 진땀을 빼는 일이 종종 있다고 한다. 심지어 연락처가 안 적힌 서류도 부지기수라고 한다.

애써 쓴 원고나 기획서가 운 좋게 좋은 평가를 얻었어도 출판사측에서 연락을 취할 길이 없으니 이보다 더 애석한 일이 어디 있겠는가?

연락처는 봉투를 열었을 때 가장 눈에 띄는 곳에 적는 것이 기본이다. 기획서나 제안서를 제출한다면 표지에 회사명과 이름을 적는다.

봉투를 열기 전에 내용물을 미리 알 수 있도록 '원고 재중' '○○ 기획서 재중' 등 봉투에 적는 것도 좋다. 보낸 이의 주소와 이름까지 있다면 안심하고 뜯어볼 수 있다. 채택되려면 우선 봉투부터 개봉되어야 하지 않겠는가?

● 기획서 표지에 이름과 연락처를 명기한다

Bad

'안녕, 현빈 군'
시나리오 안

유담비

❗ 어디 사는 유담비인지 확인할 수 없다. 연락을 취하려고 해도 어디에 연락처가 적혀 있는지 알 수 없다

Good

❗ 어느 응모전에 응모한 작품인지 알 수 있다. 상대방은 여러 공모를 동시에 진행하고 있는 경우도 있다

청년 만화 각본 신인상 응모작

'안녕, 현빈 군'
시나리오 안

유담비
용인시 거주
메일 yemun@yemun.co.kr
휴대폰 (090)1234-0987

❗ 메일 주소나 전화번호가 있으면 연락이 닿는다. 맨 마지막에 우편번호를 포함한 정식 주소를 기재한다

정확한 연락처 명기는 상대방을 위한 배려

발신자란에 자기 이름을 잘못 적는 사람은 없겠지만 소속을 잘못 쓰는 실수는 종종 범한다. 회사원이면 회사명, 부서명을 제대로 써야 한다. 자신이 근무하는 회사인데도 잘못 쓰는 사례가 생각보다 많다. 회사명이 콤퓨터인지 컴퓨터인지, 엔터테이먼트인지 엔터테인먼트인지, '·'이나 단어 간의 공백까지 다시 한 번 철저히 확인한다.

한 대기업의 사내 승진 시험에 참여할 기회가 있었는데, 1차 심사가 논문 제출, 2차 심사가 해당 논문에 관한 구두시험이었다. 그런데 '기술개발본부 영업지원 제3부 제2지원과 소속'이라고 소속 부서를 적어야 할 곳에 '기개부-영지3-2지원' 식으로 적은 사람이 있었다. 그 시험에는 회사의 임원 외에 외부인도 심사위원으로 참여하는데 이렇게 적어놓으면 어쩌란 말인가?

대학 논술 시험에서도 학부명, 학과명, 학생 번호, 이름이 모두 정확히 기재된 답안이 드물다. 특정 학부 학과에만 개설된 강좌에서는 학부 학과를 적지 않는 학생이 태반이다. '정치경제학부'를 '정경'이라고 생략해서 적는 사례도 많다.

- **조직명이나 부서명은 정식 명칭을 적는다**

Bad

과장 승진 심사
과제 리포트

기개본부
기/2GR 샘제IT
이광혁

> 부서명은 사내에서 통용되는 명칭이 아니라 명함에 적힌 정식 명칭을 적는다

교환 유학 지망 동기서

종합 · 정치
이준욱

> 소속을 생략해서 적으면 성의가 없어 보일 뿐만 아니라 사내 관계자가 아니라면 난감하기 이를 데 없다. 정식 명칭을 적는 습관을 들인다

Good

과장 승진 심사
과제 리포트

기술개발본부
기술 제2그룹
샘플제작팀
사원 번호 91027

이광혁

> 정식 부서명을 적으면 외부인도 쉽게 알아볼 수 있다

> 사원 번호나 학생 번호를 넣으면 더욱 명확해진다

교환 유학 지망 동기서

종합정책학부 정치학과
3학년 가가와 연구실
학생 번호 0631442

이준욱

> 학생이라면 학년과 연구 실명도 중요

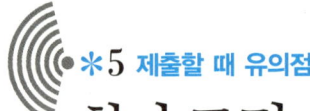
*5 제출할 때 유의점
참가 조건에 어긋나는 부분은 없는가

▌몇 번이나 되풀이해서 읽어야 하는 참가 조건

프로젝트 규모가 클수록 응모 자격이 까다롭다. 대기업 입찰 등은 자료 준비 이전에 기업 규모나 업무 실적, 관계자의 경력이나 자격을 요구하기도 한다.

'규격 봉투에' '우편번호, 주소, 성명, 전화번호, 이번 호 소감을 명기' 하라고 지정되어 있는데 규격 외 봉투에 넣어서 보내거나 소감을 적지 않으면 무효가 되고 만다. 사원 모집에서 '자필 이력서에 사진 첨부' 라는 조건을 내걸었는데 컴퓨터로 작성한 이력서에 사진 파일을 별도로 첨부하여 보냈다면 뽑힐 확률은 낮아지기 마련이다.

헛수고하기 싫으면 자신이 응모 자격이 되는지 아닌지 철저하게 확인해야 한다.

자료를 제출할 때는 '원본' '사본' 으로 적어도 2부를 준비한다. 단, 정식 자료는 제본커버 등으로 고정해서 제출하므로 낱장을 빼낼 수가 없다. 그럴 때를 대비해 제본하지 않은 자료를 클립만으로 고정해서 1부 더 건넨다. 상대방은 제본된 자료를 억지로 뜯어내지 않고도 자료를 연속 복사할 수 있다.

자신이 보관하는 자료도 복사본이 아닌 인쇄본으로 가지고 있는 것이 좋다. 전화로 문의가 들어왔을 때 상대방과 똑같은 자료를 가지고 있으면 훨씬 수월하게 대응할 수 있다. 나중에 대면 프레젠테이션으로 연결되더라도 안심이다.

- 복사용 서류를 1부 더 건넨다

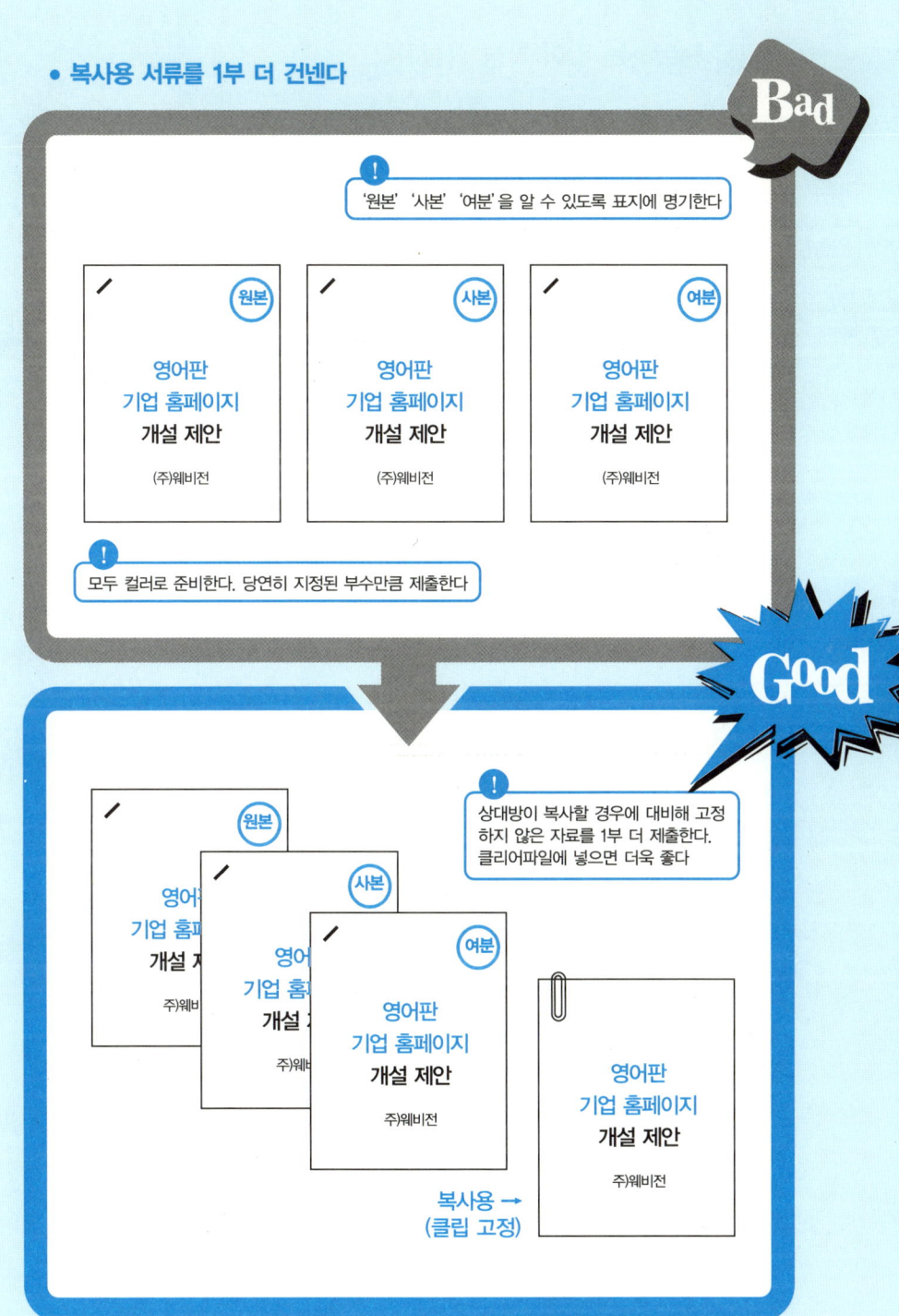

직접 전달하는 것이 가장 확실하다

'응모 서류는 우편으로만 접수합니다'라는 조건이 없다면 메일이나 인터넷 접수, 우송이나 택배보다 '직접 전달'이 확실한 방법이다. 직접 들고 가서 전달하는 것만큼 마음 편한 방법이 또 있겠는가?

이럴 때는 아르바이트생이나 신입사원을 보내지 말고 가능한 한 담당자가 직접 찾아가도록 하자. 상대 회사의 담당자와 직접 대면할 기회가 생길지도 모르고 운 좋으면 결정권을 가진 사람을 만날 수도 있다. 그때는 재빨리 "오늘은 ○○의 마감일인데 중요한 자료라 직접 가지고 왔습니다."라고 말하며 인사한다. 상대방이 전혀 면식이 없는 사람이라면 대면 프레젠테이션에 대비해서 미리 낯을 익혀둘 좋은 기회다. 덥거나 추운 날씨라면 더욱 '이런 날씨에도 ○○사는 일부러 찾아 왔구나' 하고 그 정성에 감탄하게 된다.

직접 전달할 때도 주의할 사항이 몇 가지 있다. 우선 복장이다. 청바지나 샌들, 면도하지 않아 덥수룩한 모습으로 찾아갔다가는 오히려 역효과다. 깔끔한 정장에 가죽 구두, 남성이라면 넥타이 착용은 기본이다. 너무 호들갑 떠는 것 아니냐고 생각하지 말고, 취직 시험을 치르는 듯한 마음으로 찾아가자.

직접 전달하더라도 봉투에는 반드시 주소와 수신자명을 적는다. 이런 부분도 절대 소홀히 해서는 안 된다. 직접 전달하는 방법의 가장 큰 장점은 그 자리에서 바로 확인할 수 있다는 점이다. 내 경험상 그 자리에서 '자료가 한 장 부족하다'든가 '대표자 날인이 한 군데 빠졌다'는 등의 누락 사항을 발견하는 일도 적지 않다. 그럴 때에 대비해 개인 도장과 회사 인감, 대표자 인감, 인주, 가위, 칼, 자 등을 지참한다. 이 정도만 준비하면 대부분 문제는 현장에서 바로 대처할 수 있다.

● **직접 전달할 때 지참할 물건들**

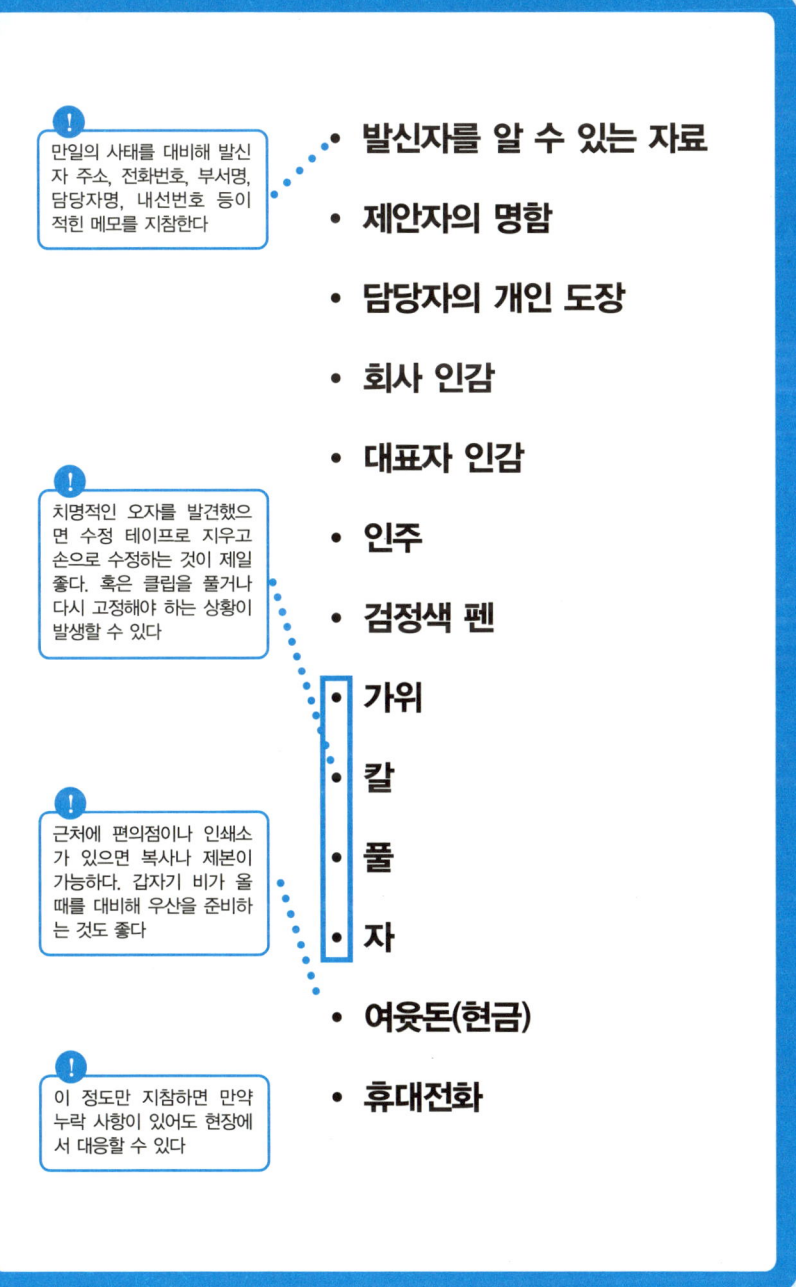

- 발신자를 알 수 있는 자료
- 제안자의 명함
- 담당자의 개인 도장
- 회사 인감
- 대표자 인감
- 인주
- 검정색 펜
- 가위
- 칼
- 풀
- 자
- 여윳돈(현금)
- 휴대전화

> 만일의 사태를 대비해 발신자 주소, 전화번호, 부서명, 담당자명, 내선번호 등이 적힌 메모를 지참한다

> 치명적인 오자를 발견했으면 수정 테이프로 지우고 손으로 수정하는 것이 제일 좋다. 혹은 클립을 풀거나 다시 고정해야 하는 상황이 발생할 수 있다

> 근처에 편의점이나 인쇄소가 있으면 복사나 제본이 가능하다. 갑자기 비가 올 때를 대비해 우산을 준비하는 것도 좋다

> 이 정도만 지참하면 만약 누락 사항이 있어도 현장에서 대응할 수 있다

Point Check
프레젠테이션 차별화 전략 7

PDF로 저장하라
사이즈를 줄여도 글이 깨지지 않는다

컴퓨터 화면이나 빔 프로젝터를 이용한 프레젠테이션에서는 워드나 파워포인트의 글씨가 깨지거나 레이아웃이 망가질 때가 있다. 파워포인트 데이터를 USB메모리에 저장했다가 글꼴이 완전히 바뀌어서 글씨가 도형 틀 밖으로 튀어나온 경험을 종종 하기도 하는데, 이런 사태를 예방하는 방법 중 하나가 PDF 전환이다.

PDF란 'Portable Document Format'의 약자로, 아도비스사가 개발한 데이터 보관 기술이다. 이름대로 운반을 전제로 제작된 파일 포맷 중 하나로 텍스트, 일러스트, 도형이 인쇄되는 이미지 그대로 저장된다.

가장 큰 장점은 작성한 도큐먼트가 다른 컴퓨터에서도 같은 레이아웃으로 표시·인쇄되는 점이다. 파일명 뒤에 붙는 확장자는 '.pdf'이며, 데이터를 압축할 수 있어 파일크기를 줄여 메일로 파일 첨부하기도 편하다.

무료로 배포되는 어도비리더(Adobe Reader)를 다운로드 받으면 누구든 읽어볼 수 있다. 불특정 다수와 데이터를 주고받는 데는 단연 PDF가 제일이다. 회의 자료나 의사록도 PDF화해서 CD-R 등에 보관해두면 책상이 산더미 같은 자료로 뒤덮일 일도 없다.

Adobe Reader의 다운로드 사이트
http://www.adobe.com/jp/products/acrobat/readstep2.html